三聯學術

圣诗撷英

The Bible as Poetry

冯 象

生活·讀書·新知 三联书店

In

memoriam

Mrs. Elizabeth Booz

纪念

波士夫人

她与玻璃岛同在

Je hume ici

ma future fumée…

La mer, la mer

toujours recommencée

目次

经书简字表　| 7
众神宁静（代序）| 9

卷一　摩西五经

伊甸园（创 2:4–3:24）| 19
祝福新娘（创 24:60）| 30
凯旋之歌（出 15:1–21）| 32
会幕（出 40:1–38）| 37
比兰的预言（民 24:3–24）| 41
摩西之歌（申 32:8–39）| 45

卷二　历史书

黛波拉之歌（士 5:1–31）| 55
汉娜的祈祷（撒上 2:1–10）| 65
纳丹和大卫（撒下 12:1–15）| 70
寂静之声（王上 19:1–18）| 75

卷三　先知书

锡安山（赛 2:2–5）| 83
嫩枝（赛 11:1–9）| 88

忠仆之歌（赛 53:2–9） | 92

大审判（赛 66:1–16） | 97

为什么恶人的路（耶 12:1–6） | 103

勾引（耶 20:7–18） | 107

以色列的新约（耶 31:31–37） | 112

两姐妹（结 23:1–34） | 117

枯骨（结 37:1–14） | 124

你要叫我丈夫（何 2:4–25） | 129

耶和华之日（摩 5:18–27） | 136

大鱼（拿 2:1–10） | 140

卷四 圣录

圣名颂（诗 8） | 147

牧人（诗 23） | 152

雷声（诗 29） | 155

牝鹿（诗 42–43） | 158

耶和华为王（诗 93） | 164

扭断（诗 126） | 166

孩儿（诗 131） | 169

古训（箴 22:20–23:35） | 171

愚人画像（箴 26:1–12） | 182

母亲的教诲（箴 31:1–9） | 185

我的灵宁愿被绞死（伯 7:11–21） | 188

人若同上帝争讼（伯 9:2–10:7） | 193

巨兽与海龙（伯 40:15–41:26） | 201

我睡下了（歌 5:2–8） | 210

所罗门的姑娘（歌 7:1–11） | 214

您去哪里，我也去哪里（得 1:8–22） | 219

定时（传 3:1–22） | 224

膏油名贵（传 7:1–8） | 231

人子（但 7:1–14） | 235

卷五　新约

九福（太 5:3–12） | 245

刀剑（太 10:34–39） | 250

我的心尊主为大（路 1:46–55） | 254

爱仇人（路 6:27–38） | 258

太初有言（约 1:1–18） | 263

世界的恨（约 15:18–16:33） | 269

爱之颂（林前 13:1–13） | 279

死已被胜利吞吃（林前 15:51–57） | 284

他虽有上帝的形象（腓 2:6–11） | 288

基督赞（西 1:15–20） | 292

镰刀（启 14:1–20） | 296

新天新地（启 20:11–21:8） | 303

参考书目 | 309

经书简字表

† 希伯来圣经三十九篇

摩西五经

创世记	创
出埃及记	出
利未记	利
民数记	民
申命记	申

前先知

约书亚记	书
士师记	士
撒母耳记上	撒上
撒母耳记下	撒下
列王纪上	王上
列王纪下	王下

后先知

以赛亚书	赛
耶利米书	耶
以西结书	结
何西阿书	何
约珥书	珥
阿摩司书	摩
俄巴底亚书	俄
约拿书	拿
弥迦书	弥
那鸿书	鸿
哈巴谷书	哈
西番雅书	番
哈该书	该
撒迦利亚书	亚
玛拉基书	玛

圣录

诗篇	诗
箴言	箴
约伯记	伯
雅歌	歌
路得记	得
哀歌	哀

传道书	传	迦拉太书	迦
以斯帖记	斯	以弗所书	弗
但以理书	但	腓立比书	腓
以斯拉记	拉	歌罗西书	西
尼希米记	尼	帖撒罗尼迦前书	帖前
历代志上	代上	帖撒罗尼迦后书	帖后
历代志下	代下	提摩太前书	提前
		提摩太后书	提后
		提多书	多
		腓利门书	门

† 希腊文次经五篇

多俾亚传	多	希伯来书	来
玛加伯上	加上	雅各书	雅
玛加伯下	加下	彼得前书	彼前
智慧篇	智	彼得后书	彼后
德训篇	德	约翰一书	约一
		约翰二书	约二
		约翰三书	约三
		犹大书	犹

† 新约二十七篇

马太福音	太	启示录	启
马可福音	可		
路加福音	路		
约翰福音	约		
使徒行传	徒		
罗马书	罗		
哥林多前书	林前		
哥林多后书	林后		

众神宁静
（代序）

此书是圣诗的选本，取希伯来《圣经》四十一篇，《新约》十二篇，成五卷五十三章。译文既有新译，也有已发表而这次做了修订或调整的，各具导读和尾注。尾注的好处，是不必像拙译《摩西五经》《智慧书》《新约》《以赛亚书》的夹注受字数限制，可以扩充内容，并配合导读，阐发近年授课答疑及写作中的一些所思所得，与读者分享。

选本的想法，由来已久了。最先是我的老师波士夫人的建议。所以很早就定了书的献辞，用她喜欢的诗句，准备给老人家一个惊喜。不意末章《新天新地》的导读写完，感恩节刚过，夫人竟去了永恩之域。

于是，完稿的欢愉就化作了思念，和回忆……

初见夫人，还是在昆明，三十八年前的事了。夫人是同小儿子派迪一起来云南大学执教的。其时知青战友M在云大外语系，是七七级的大姐；我在师院（今云南师大），一条马路之隔，按知青的习惯去她那里蹭饭，她就把我引荐给了夫人。从此，读书译诗每有疑问，便上夫人的小平房宿舍求教。一般是吃过晚饭，与几个同学在校园里溜达一圈，待自习开始，一人走去云大。

夫人善画，常外出写生。一日雨后，携书下翠湖访长者，见巷子口围着一群人，近前看，却是路人在观赏夫人作画。她朝我打个招呼。也是在乡下随便惯了，忽想到夫人讲过诗人庞德（Ezra Pound, 1885~1972）喜用雨、影的意象，便引一句作答：The apparition of these faces in the crowd; Petals on a wet, black bough. 然后就旁若无人，聊了起来，"人群里这些面庞"如何"幻现"，"花瓣儿"粘上"湿漉漉的黑枝"，入画可否。路人见夫人停了笔，又听不懂，只好散了。我说抱歉打扰了。夫人笑道，你帮我解围呢。

诗画之外，夫人聊天的另一话题，是批评校内外滋长的官僚作风。坦白讲，那年头的作风比照如今的大树，只是复苏了的旧习的一根嫩芽。可是她有点贵族气，厌恶身边的阿谀逢迎和勾心斗角。少时旅居伦敦，父母为她请了法国家庭教师，大约生活是十分优裕的。我劝她学学师院的帕蒂老师，斗争有理有节（参《信与忘·缀言》）。夫人叹道：她不一样，六八年闹学潮，炼过的呀。其实还有一层家庭背景，夫人不知，帕蒂老师已故的继父是印尼华人，当年共产党赫赫有名的一位领袖。

夫人是日内瓦大学毕业，育有四子一女。丈夫英年早逝，是哈佛博士、优秀的外交官；一家人跟着，法国、波兰、伊朗、阿富汗、南非、毛里求斯、新西兰，走遍了世界。孩子在哪儿出生，就依当地习俗起名。夫人文笔好，一直同全国地理社（National Geographic）合作，撰写游记。来云南教书的一个缘由，夫人说，是看地图，国家外专局列出供选择的城市当中，昆明较挨近西藏，她的下一本游记的题目。三年外教合同期满，夫人便回到日内瓦湖畔（法国境内）的石头小屋专心写作。派迪则去了香港，做出版；之后入剑桥大学攻读藏学，自称是受了母亲游记的"诱惑"。

一九八二年春，我上了北大，专业定在中世纪文学，论文写乔叟。国内图书馆文献寥寥可数，遂写信向夫人求助。她立刻寄来一箱乔学新著、古法语骑士传奇并普罗旺斯/奥克语（Occitan）游吟歌手的集子。这批书读完，同时每周两晚，跟李赋宁先生学古英语和中古英语，写读书报告，与先生讨论，才算是打好了基础（详见《木腿正义·"蜜与蜡"的回忆》）。而后留学哈佛，专业上就不感觉难。

夫人的三子鲁斯坦经商，做玩具生意，儿媳是建筑师。他俩有个朋友，加拿大人汤姆，在哈佛学建筑。我一到剑桥，汤姆便受命前来探望，领我参观校园，讲解各派建筑：这一堆水泥叫艺术中心，是 Le Corbusier 忽悠有钱人的代表作；那两排法学院宿舍丑陋，不愧为 Gropius 的大师手笔，等等。还一同去波士顿看红袜队棒球赛，陪伴从多伦多来访的他的妈咪。

不久，夫人来信指示，某日抵剑桥，宿教女玛莎家，某街某号，几点晚宴。那天汤姆刚巧无事，说想见识夫人的风采，我征得主人家同意，就带他一同赴宴。也是缘分，他和玛莎竟一见钟情，趟进了爱河。夫人得知，戏称我有"特异功能"——或许真有也说不定。因为自"扎根云南边疆"始，经我无意间"撮合"的灵魂，少说也有十来对，且于今不断，每每令识者惊异。

玛莎就读于哈佛/拉德克利夫女子学院，鲁斯坦说她是神童,极聪慧而活泼。她也主修文学,又是学生戏剧社的积极分子,同我很谈得来。当日库格尔(James Kugel)教授开讲《圣经》,课堂爆满,便是她告知并去占的座儿。库先生是正统派犹太教徒,精研圣者拉比的解经之道,兼治西方诗学。阐说圣诗,更是高论迭出,发前人所未发。尤其是他关于希伯来先知不拘"格律"或短句的平行对应,诗入散文、散文亦诗的分析,使我对圣书修辞的包容灵动与歧义,产生了浓厚的兴趣(参《智慧书·译序》)。

八五年春,内子来美团聚,继而进马里兰大学。恰好夫人的长子米歇尔是马大校友、建筑师,居处离学校不远。此后数年每逢圣诞,夫人返美,祖孙三代齐聚米歇尔家,我们便成了固定的宾客;直至内子毕业,回波士顿工作。米歇尔家过节,有一保留剧目:朗诵夫人的绘本。那是孩子们小时候常听的一则韵文故事,一个威尼斯小淘气鬼的历险记。大伙儿轮着扮演书里的角色,尽情发挥,往往还嘲讽一下时政。那欢乐的气氛,总让我联想托尔金(J. R. R. Tolkien, 1892~1973)给孩子讲《指环王》,或者小爱丽丝听卡罗尔(Lewis Carroll, 1832~1898)聊"漫游奇境"遇见的种种。

那"奇境"般的节日留下的美好印象,少不了一个关键人物:夫人的次子马木。他是纽约的杂技演员,绝顶好玩的性格。有一回,悄悄把我唤上阁楼,演示的却不是他拿手的魔术,而是吸大麻的幸福。

八七年夏,由导师班生(Larry D. Benson, 1929~2015)先生推荐,我申请了一笔专供"瓦伦屋中读书绅士"(瓦伦屋为哈佛英文系旧址)"瞻仰中世纪大教堂"的基金,偕内子游欧。那时各国的签证数法国最严,限制入境次数不说,还指定口岸,不得变更。夫人却说没事。抵达日内瓦那天,她带了一位朋友开车来接,叫我们躺在后座,拿几只商场的大纸袋遮盖了,由乡间小道人头熟悉的关卡,"走私"进入法国;后又照此送出。其间在湖畔小村伯爵古堡的见闻,记在《玻璃岛·圣杯》里了,此处不赘。

那次访问,另有一大收获:有幸结识了夫人的邻居、威尔士老人琼斯先生。老人出身于北威尔士望族,是热忱的民族主义者。一听夫人介绍,我在研究古英语史诗《贝奥武甫》,他就沉下脸,历数盎格鲁-萨克逊人的野蛮卑鄙,对凯尔特人欠下的累累血债,恨不得"宰光了他们放锅里煮吃"。直到我说,中国古代的民族英雄也有"壮志饥餐胡虏肉"的誓言,他才翘起雪白的虬髭,笑了。原来他二战入伍,开运输机,到过云南。战后移居美国,在费城一所私立名校教授历史,家住普林斯顿附近。我和内子去造访过。林子深处,挺大一座仓房改建的庐舍,门牌上写着威尔士语"老仓"二字,内有一间恒温的图书馆——说是太阳能供暖,曾获建筑设计奖——书架上满满当当,全是祖传的威尔士古籍。于是,请老人指点,学习中古威尔士语,读大卫·阿普规林(Dafydd ap Gwilym, 约 1320~1370)的诗集。读诗的心得,写了一篇文章《奥维德的书》,发表在《九州学刊》(《木腿正义》,页 250 以下)。

老人逝世时,我在港大任教。夫人来信说,遵其遗嘱,藏书一部分赠与普大,其余运去了南美,捐给设在那儿的威尔士独立运动的学术机构。

我转读法律，夫人也是赞许的。因为她女儿凯茜就在耶鲁法学院，高我两级。凯茜入学前曾赴印尼支教，毕业后投身于法律援助和公益诉讼，是极具社会关怀的政治精英。所以我到了清华教书，也鼓励学生转变立场追求进步，下基层挂职、做公益事业或者争取进国际组织。若有强烈的兴趣，走学术道路当然也支持，尽管现在一哄而上所谓"国际化"的"一流大学"，完全官僚化了，实在不是适合"青椒"学者待的地方。总之，当官赚钱不应是精英大学的教育导向，那条独木桥不用宣传，已经人满为患了。事实上，便是培养干部，也得从基层抓起。而法学跟别的学科不同，需要社会经验和人事的历练。诚然，我的人生观价值观，主要得自于早年在边疆兄弟民族中间的生活磨炼。但是夫人的谆谆教诲，一如凯茜的身体力行，为我树了一面理想的旗帜。

二〇〇六年十月，拙译《摩西五经》面世，夫人十分高兴。感恩节，她来剑桥探亲，住在鲁斯坦处，约我们一块儿到友人家聚餐，顺便把新书带给她（见《信与忘·感恩节的语录》）。席间众人谈及译经，玛莎说，加州伯克利大学奥特（Robert Alter）教授译注《摩西五经》（2004），颇受好评，你觉得怎样？我以为奥译事倍功半，未能脱出钦定本《圣经》的语汇风格而另辟蹊径，再现圣法之"荣耀与大力"（参《摩西五经·前言》）。夫人遂问：相比之下，库格尔教授是否高明些呢，他是你推崇的权威？我说，库先生有一本《圣经诗粹》（1999），也是蜚声学界的。但一部希伯来《圣经》只选译十八篇，太过"俭省"，穿插在先生精彩的导读里面，几乎被遮没了。译文的弱点，则类同奥译，学究气，呆板。这两位虽是头等的圣经学家，论译经，才气和笔力还稍嫌不足。夫人笑道，你那是拿剧作家大诗人的标准，来衡量学者的业绩了——她还记得我翻译《贝奥武甫》，是受了哈佛的副导师阿尔弗雷德（William Alfred, 1922~1999）先生同修辞学老师爱尔兰诗人希尼（Seamus Heaney, 1939~2013）的朗诵与文字的激励（见《以赛亚之歌·饮水思源》）。

的确，夫人是最能理解我的：也许，中文读者更需要一个选本——圣诗撷英，她说。

自从回国服务，因为过节多半不在美国，加之夫人年迈，行走不便，联系就少了。今年便有些预感。入夏，曾得一梦，像是一个征兆。

蒙眬中，又一次置身于日内瓦湖畔的小村，石头屋子，玫瑰篱笆，一切都那么熟悉而亲切。夫人就带我去拜访伯爵，如从前一样，一路芬芳，曲曲弯弯穿过花园来到古堡。进大门，顺旋梯登上客厅，依旧是那幅褪了色的挂毯，"狮心王理查见萨拉丁苏丹"。伯爵倚着枴杖，微笑着，一点没变。面容却苍白了许多，布满皱纹的皮肤镶着一缕阳光，几乎是透明的。

"于此，我吸着你的未来的烟馨"；进到书房，看我拿出一册《玻璃岛》送他，伯爵轻轻念出这么一句。

哦，是大海，我的伯爵，夫人也放缓了语速，"大海，永远在重新开始"。说着，她走到窗台，凝望着窗棂外的湖光。

然而伯爵似乎有所触动，喃喃道：是呀，重新开始。如果未来能化作烟馨，给人"酬报"，亲爱的朋友；让你在"一番深思过后，放眼远眺于众神之宁静"。

想起来了,"烟馨""酬报""重新开始"云云,是化自夫人喜爱的瓦雷里(Paul Valéry, 1871~1945)的名诗《海滨墓园》。我便同伯爵探讨,那片墓园若是诗人预感中的归宿,这"众神之宁静"(le calme des dieux)应作何解释,取什么象征?

倾谈良久,忽而意识到,窗台那边保持着沉默。回头看去,夫人已经挪了位置,背光坐下,面庞披着一道阴影,大理石般的白皙。又聊了一会儿,她还是不语;再看,整个人都白了,渐渐地,竟变得通体透明。

我心头猛然一紧,脱口叫了一声夫人——就醒了。

二〇一六年十二月于铁盆斋

卷一　摩西五经

伊甸园
《创世记》2:4–3:24

希伯来《圣经》开篇,记上帝创世,有两个版本。其一始于"上帝说:光!就有了光",创1:3。天地万物,圣言六天造就,"上帝看了,觉得非常之好",1:31。第七天,造主歇工,定安息日。跟着,进入第二个版本,便是伊甸园与禁果的故事,2:4b以下。

古人很早就注意到,这两个版本不仅故事情节、语言风格迥异,连神的称谓也是不一样的:前面叫上帝,'elohim,后面却转写圣名,用四个希伯来字母:YHWH。可是圣名至圣,后人视为禁忌,不能直呼;如何发音,便失传了。故公元前三世纪埃及亚历山大城的犹太经师用希腊文译经(世称七十士本),一律以"主"出之,kyrios,显然是依循惯例。至于YHWH,学界一般读作yahweh,雅威;传统上,出于虔敬,则代入"我主"一词的三个元音(e-o-a < 'adonay),念:yehowah,耶和华。

原来,两个创世故事的渊源或文本传统不同,学者考证,版本二(归于J传统,前950—前900成文)要比版本一(属P传统,前550—前500成文)早了好几百年(详见《摩西五经》译序及圣经年表)。

然而,这一双版本既已榫接,立为圣法之门,就解经而言,那叙事的先后顺序本身已蕴含了大义。究其根柢,那第七天,上帝的第一个安息圣日,便不可能是创世的"结束",或人神关系与秩序的"安定"(麦克罗,页28)。相反,这是一个全新的人世的重启,"大地茫茫,草木全无",2:5;是不久将"充斥暴行"而走向毁灭,6:13,却把上帝赐福"非常之好"的第六日奉为理想,那一切"今世"的开端。

之后,第八次昏晨交替,才有了尘土亚当、女人与蛇——才开辟了伊甸,人存一个不知死亡为何物的世界,做耶和华下达戒谕,并纠问、诅咒、降罚的乐园。

故事家喻户晓,无须介绍;一些细节,修辞、术语、典故和疑难,已另外作注。这儿只说一点:

中国古人作诗论诗,喜欢讲"诗眼"。其实诵习圣法,圣诗撷英,也讲求"赐人智识"的"开眼"之语。那么版本二,伊甸园故事里,那"开眼"语在哪儿找呢?我以为就是耶和华把亚当带进乐园安置了,警告他不可吃禁果之后,心中浮起的那"不好"二字,lo' tob:"亚当一个人孤零零的不好",2:18。

之前,在版本一,上帝对自己的创造十分满意,圣言赞"好",tob,一连七遍。如今刚抟了亚当,圣灵入鼻,赋予生命,"又让土里长出各种好看的树,挂满可口的果子",2:9,天父却忽然发现,创世出了意外:"不好",需要补救。而他的补救措施,即"给[亚当]造个般配的帮手"——"当然上帝不会不知",如"最聪明"的蛇所言,3:5——将带来更多的"不好"和没完没了的补救。

圣史,或人类的"拯救史",Heilsgeschichte,就这样开场了。换一角度,着眼于人神关系的演进和双方的成长,也可以说:天地万物,皆上帝所造,属于他的圣日。但是,我们的世界——人触罪定罪、受苦受罚、忏悔并救赎于其中的那个世界,却源自"不会不知者"的一声"不好"。

耶和华上帝造地与天之初，⁵大地茫茫，草木全无

因为耶和华上帝还未曾降雨，还没人开荒耕耘；

⁶滋润那大荒的，惟有地下涌出的清泉。

⁷耶和华上帝便取地上的尘土抟人

朝他鼻孔里吹进生命之气——

亚当就有了灵魂，活了！

⁸耶和华上帝在东方的伊甸开辟一座园子

给新造的人居住。

⁹耶和华上帝又让土里长出各种好看的树

挂满可口的果子。

园子中央，却长一棵生命之树

并一棵善恶智慧之树。

¹⁰自伊甸发源一条河，灌溉那座园子。出园子，分为四支：¹¹一名皮逊，流经沙国全境，¹²那地方黄金最纯，盛产树胶玛瑙；¹³一名基雄，流经古实全境；¹⁴一名底格里斯，流经亚述东部；一名大河幼发拉底。

¹⁵耶和华上帝将亚当带到伊甸园里安置了

命他修整照看园子。

¹⁶耶和华上帝并下达戒谕：

这园子树上的果子，你可随意摘吃

¹⁷ 只有那善恶智慧之树结的，你不要去吃它——
   吃了，你当天必死！

¹⁸ 耶和华上帝还说：亚当一个人孤零零的不好
   我要给他造个般配的帮手。
¹⁹ 耶和华上帝便取尘土抟了飞禽走兽
   带到亚当面前，让他命名；
   每一种生灵都要由他口中
   得一名字。

²⁰ 可是亚当给飞禽走兽取完了名字
   也没见着一个般配的帮手。
²¹ 于是耶和华上帝使亚当沉沉地睡去。
   乘他酣眠之际
   抽下他一根肋骨，再把肉重新合上。
²² 就用这根从他身上取下的肋骨
   耶和华上帝造了一个女人，领到他面前。
²³ 亚当说：

　　　　终于找到啦

   我的骨中骨，肉中肉！
   她该叫作"女人"
   因为她出自男人。

²⁴ 这就是为什么

男人要离开自己父母

去偎着妻子

与她结为一体。

^{25} 亚当与妻子虽然光着身子,却并无羞耻的感觉。

三章

蛇,是耶和华上帝所造的野兽中最聪明的。

蛇问女人:上帝真的说过,这园子树上的果子,你们一概吃不得么? ^{2} 女人回答:这园子里随便什么果子我们都可以吃。^{3} 只有园子中央那棵树结的,上帝说了:你们不要去吃,也不许碰,否则你们一定死掉!

^{4} 死?你们怎么会死!蛇告诉女人:^{5} 当然上帝不会不知,那果子一旦被你们吃了,你们就开了眼,就会像上帝一样,懂得辨善恶了。

^{6} 女人望着那棵树上的果子,那么鲜美悦目,还能赐人智识!就忍不住摘下一个,吃了,又给身旁的丈夫一个。^{7} 俩人一吃,眼就开了,发现自己光着身子。赶紧用无花果树叶编了块腰布遮羞。

^{8} 傍晚,凉风中传来耶和华上帝走进园子的脚步声,他们忙往树丛里躲。

^{9} 耶和华上帝唤道:亚当何在? ^{10} 亚当回答:听见你走进园子,我光着身子害怕,就躲起来了。

¹¹ 光着身子,谁告诉你的?耶和华上帝问:莫非你吃了我不许你吃的果子?¹² 亚当道:是你放在我身旁的女人,她给我果子吃,我就吃了。

¹³ 耶和华上帝便问女人:为什么?女人回答:是蛇诱骗了我,我才吃的。

¹⁴ 于是耶和华上帝对蛇说:因为你干下这桩[坏事]——

一切家畜野兽
惟有你受此诅咒:
从此用肚皮爬行
终生以尘土为食。
¹⁵ 女人与你,永世为敌
子子孙孙,互相仇恨;
人打扁你的头
你咬伤他脚跟。

¹⁶ 接着,对女人说:

我要倍增你怀孕的苦
分娩时越发痛不可忍!
然而你却要依恋丈夫
要丈夫做你的主人。

¹⁷ 最后,对亚当说:因为你听从妻子的言语

偷吃我明令禁食的果子——

因为你，这土地要受我诅咒！
从此你一辈子辛劳
才能勉强果腹。
[18] 遍野荆棘杂草
是你谋食的去处。
[19] 汗流满面，才吃得上一口
直到你复归大地；
因为你本是尘土所造，尘土
终是你的归宿。

[20] 亚当给妻子取名夏娃，因她是一切生民的母亲。

[21] 耶和华上帝为亚当夫妇缝了两件皮衣，叫他们穿了。
[22] 然后耶和华上帝宣谕：看哪
人已经变得跟我们相差无几，懂得辨善恶了。
要是让他再伸出手去摘生命之树的果子吃
他就永远不死了！
[23] 于是，耶和华上帝将人逐出了伊甸园
令他耕耘土地，去造他的泥尘里谋生。
[24] 之后，又在伊甸园东面派下昂首展翼的神兽
和旋转飞舞的火剑
把通向生命之树的路封了。

注释

2:4b 圣名初现，YHWH。通说此名源于古希伯来语词根 hwh，本义是/在/有/生，出 3:14 注。"耶和华上帝"这一尊号，在伊甸园/禁果故事里共出现二十次，恐怕不是偶然。

2:7 亚当，'adam，人、男人，谐音土地，'adamah。上帝抟土作人，一如女娲。生命之气，nishmath hayyim，呼吸，赋予生命的元气，伯 27:3, 33:4, 34:14。

灵魂，nephesh，气、喉、灵，转指生命，整个的人，创 1:20, 24，诗 69:1, 124:4。

2:9 善恶智慧之树：恶，也是神赐的知识，是神恩与拯救的伦理前提。

2:10–14 伊甸，`eden，本义丰美；与荒漠相对，赛 51:3。此段形容其神圣，非准确的地理描写。园子，gan，七十士本：paradeisos（古波斯语：pairi-daeza），即后世所谓天堂乐园。这"耶和华的乐园"位于"东方"，大门朝东，3:24，或指两河流域（苏美尔文明的摇篮）：古以色列以福地为世界中心，耶路撒冷为大地之脐。

2:11 沙国，hawilah，指阿拉伯。

2:13 基雄，gihon，与耶路撒冷的水源同名，后者是所罗门王受膏继位处，王上 1:38。古实，kush，埃及以南，今苏丹、埃塞俄比亚、也门一带。

2:14 亚述，'ashshur，两河流域古国，今伊拉克北部。

2:16–17 禁食智慧之果：辨善恶须有道德意识和自由意志，原是神的特权，不容人类篡夺。注意：园子中央那株生命之树的果子并未禁食——假若先吃生命果，得了永生，3:22，然后摘智慧果，犯禁的人该如何处置？

2:18　般配的帮手，`ezer kenegdo，男女／夫妻非主仆关系，如后来上帝所诅咒的，3:16。

2:19　飞禽走兽／让他命名：象征人对三界的支配，1:28。

2:21　肉，basar，即下文24节夫妇结合之"体"，与赋予其生命的"灵"相对，代表人性脆弱易朽的一面，6:3。

2:22　肋骨，zela`，亚当与鸟兽皆尘土所抟，惟有女人出自活体，故上帝无须朝她"鼻孔里吹进生命之气"，2:7。女人，'ishshah，双关谐音"男人"，'ish，2:23。

2:24　离开父母：婉言婚配，非指上门女婿。

　　　光着身子，`arummim，谐音下句蛇的"聪明"，`arum；照应3:7，俩人食禁果，知"羞耻"。

3:1　聪明，`arum，慎明、机智、狡猾，兼具褒贬两义；经书中常指智者的品性，箴1:4, 8:12, 12:23。此处以蛇的聪慧对比人祖无知——在古代近东，蛇是智慧、繁育和长生的象征。耶稣遣十二门徒传道，要他们"机警似蛇"，太10:16。机警，phronimos（审慎、用心、机智），正是七十士本此句的译法。现代译本常作"狡猾"（路德本：listig，钦定本：subtil，圣城本：rusé，新修订标准本：crafty），但作者（"J"）对蛇并无贬斥。说它"诱骗"，是女人受纠问时的交代，3:13。而耶和华不给蛇申辩的机会，是因为他知道，蛇没有说谎，是无辜的，3:22。或可译为"自作聪明"，如保罗对基督会众的告诫：不可自作聪明，phrominoi，罗11:25, 12:16。

　　　蛇，nahash，或古蛇，演变为恶魔撒旦，专跟天父与人子作对，是后世的传说，智2:24，启12:9。

3:3　不要去吃，也不许碰：但上帝并未说"碰"树即死，2:17。是亚当转述不确，还是女人粗心、口误？

3:5　　像上帝一样，懂得辨善恶：意谓人子不仅外貌如神（版本一），且分享神的品质与特权，1:26, 2:17 注。上帝，'elohim，或作诸神。

3:7　　眼就开了：道德觉醒，萌生智慧；信仰成为可能。

腰布，hagoroth，知耻而遮羞——色欲坏了乐园。但此"罪"起于违背神谕，根源在骄傲；故后世以骄傲为"七宗罪"之首。

3:8　　傍晚：新的一天（第九天）开始。古人以黄昏为一日之始，1:5。

躲，直译：躲耶和华上帝的面。面，虚指方位，可不译。圣名移至 3:11。

3:12　　你放在我身旁的女人：人第一次撒谎，推脱责任，堕落发端。其实蛇对女人说禁果好处时，亚当在一旁听着，3:6（《宽宽信箱》，页 27–28）。但夏娃不愿揭发丈夫，把责任推给了蛇，3:13。

3:15　　永世为敌/互相仇恨：斗争和仇恨，滋长信仰，也是一种智慧之果。

3:16　　依恋，teshuqathek，婉言依顺。从此男尊女卑，主仆关系取代"般配的帮手"，2:18。但神向女人不言诅咒，不像对蛇跟亚当。

3:17　　土地/受诅咒：看似转承罪责，实为亚当受罚，当了农夫，"去造他的泥尘里谋生"，3:23。历史地看，则劳动成了人的改造即解放的必要条件。此故事经保罗和教父们阐发，罗 5:12 以下，后世教会解作"原罪"与死的由来。

3:19　　尘土终是你的归宿：暗示蛇言不假，吃禁果不会"当天必死"，2:17, 3:4。只是被剥夺了担任上帝园丁并长生的资格；死，是智慧即敬畏的孪生兄弟。

3:20　　夏娃，hawwah，本义活、生，hayah，故称"一切生民之母"。谐音亚兰语: ḥewya', 蛇。

3:21　皮衣: 御寒用, 准备放逐两人。然而上帝手上那一张皮, 取自什么动物? 可知世间第一趟流血夺命, 不是该隐杀弟, 4:8, 而是天父诅咒大地的示范 (布鲁姆 / 罗森堡, 页 184)。难怪他后来拒绝农夫该隐的土产, 悦纳了牧人亚伯宰献的肥羔, 4:3–4。可怜的农夫不明白, 血淋淋的祭肉和脂肪的香烟, 才是神的心爱, 8:21, 利 1:9, 13, 17。

3:22　我们, 指天庭神子, 直译: 我们中的一个。相差无几 / 永远不死: 点明故事的教训, 原来耶和华驱逐亚当夏娃, 不是因为他们偷吃了禁果, 而是如卡夫卡指出的, 怕人"开了眼", 会"伸出手去摘生命之树的果子吃", 获永生——永生才是救主眼里真正的禁果, 绝对不许人逾越的神界。

3:24　神兽, kerubim, 源于巴比伦神话, 造型常作人首狮身牛蹄鹰翼, 守护王宫城门庙宇神器等, 出 25:18, 结 28:13–16。

祝福新娘
《创世记》24:60

圣祖亚伯拉罕上了年纪,命管家老仆去"家乡"河间亚兰,'aram naharayim(叙利亚北部,幼发拉底河上游地区),替儿子以撒聘妻。他不愿以撒娶本地的迦南姑娘,因为拜的神不同。老仆人挑了十头骆驼,满载礼品,风餐露宿,来到圣祖弟弟一族居住的哈兰城外。正是黄昏时分,他见妇女们出城打水,便举手祷告:耶和华啊,我主人亚伯拉罕的上帝!求你恩待我的主人,让我今天就成功吧!你看,我站在泉边,城里人家的女儿正一个个走来打水。我要对其中一位姑娘说:能放下罐儿,让我喝口水吗?假如她说:喝吧,老人家,喝了我给您的骆驼也饮上!那么,我愿她就是你为你的仆人以撒选定的新娘——我也就明白了,你守信恩待了我的主人!创 24:12–14。

这是破天荒头一遭,人子大胆而委婉,附条件地祈愿。上帝居然应允了!老仆人话音未落,"城门口走出一位肩顶水罐的少女——利百加",ribqah,圣祖侄子拉班的女儿。她下到井台,不仅给老人家喝水,帮他饮了骆驼,而且还热情邀请客人来家里投宿……就这样,耶和华降福,圣祖的管家寻到了族人,顺利完成了聘妻的任务:亲上加亲,利百加做了堂叔以撒的新娘,24:67。

这首短歌,便是家人送行,看新娘同奶妈使女跟亚伯拉罕的老仆人上路时,齐声高唱的祝福。

⁶⁰ [远行的] 妹妹呀，愿你

　　做万万之众的 [母亲]！

　愿你无数子裔

　　占领仇敌的城门！

注释

24:60　妹妹，'ahothenu，我们的姊妹，提示家长是利百加的哥哥拉班，laban，创 24:50 注。两河流域古俗，兄嫁妹，须征得本人同意；若父亲包办，则无此要求，29:15 以下。故拉班与母亲答应这门亲事前，问过妹妹的意见，24:57。

城门，sha`ar，提喻城镇、国土，22:17。然而，圣书叙事总是充满了颠覆性（参阅柯丽茨娜）。利百加婚后多年不育。以撒向天父求福，妻子有喜，却是"腹中胎儿踢打不停"，耶和华为她预言：你一胎孕育了两个国家，肚里一对相争的民族；一个要比另一个强大，老大要给老二为奴，25:22–23。"待到分娩，果然是一对双胞"，取名以扫、雅各，`esaw/ya`aqob。但是孪生儿长大，弟弟就骗取了哥哥的长子权和福分，25:33, 27:36（详见《以赛亚之歌·夺福》），种下结仇的祸根——利百加的"无数子裔"之间，一次又一次的攻伐、杀戮、占领城门。

凯旋之歌
《出埃及记》15:1–21

据圣书,自雅各全家南下逃荒,创 46:3–7,以色列寄居埃及,总计四百三十年。直至"耶和华亲自守望",摩西率族人冲破重重阻挠,才走出了埃及,出 12:40–42。

法老闻报,大怒,发六百辆兵车追击。子民逃到海边,没了去路,追兵的烟尘却已经迫近了。正慌乱间,上帝的指路祥云掉头停下,挡住了埃及大军。"那云柱暗下来,黑夜仿佛受了诅咒,wayya'er(或指大雾);整整一晚,追兵近不了子民"。于是,摩西按耶和华的指示,"举起手杖,向海上一指,耶和华便降下一股奇大的东风;一夜间惊涛退却,让出一条干路"。子民便踏着干地穿行海中。埃及人发现,急急赶来,车骑一队队冲到海底。耶和华却"升起一柱火云俯视战场,埃及军顿时大乱;兵车轮子都陷在泥泞里,进退不得"。然后,待族人上岸,摩西又举杖向海上一指:"天亮了,壁立的海水突然塌下",淹没了法老的大军,14:5 以下。

那一天,"以色列亲眼看见埃及人的尸首冲上海滩",不由得"人人敬畏,信了耶和华,也信了他的仆人摩西",14:30–31。子民获救后,献给耶和华的赞歌,便是这"凯旋之歌"的底本。

我说"底本",是因为歌中不仅描绘了"海心凝为干道"的神迹,还写到后来子民在荒野的征程,摩西死后以色列进占迦南,甚至所罗门建造的耶路撒冷圣殿。这说明经书所载,是后人增饰、改编的版本。也许原先只是几句感恩颂,近于摩西姐姐、女先知米莲带领妇女欢舞应和的"副歌",15:21。

    歌唱耶和华,全胜而荣耀
        骑兵连同战马,他一起扔进波涛!
    ² 他是我的力量,我的歌
    耶和华做了我的救主。
        他是我的上帝,我要咏赞
        父亲之上帝,我要颂扬——
³ 耶和华
    是战士
    他的圣名
    叫耶和华!

⁴ 法老兵车隆隆,被他赶下深渊
    埃及大军的精锐,全部葬身芦海。
⁵ 巨浪在头顶合拢,仿佛石块
    他们沉下再不起来!
⁶ 啊,耶和华!你以右手降示荣耀
    以大能之手,摧毁你的仇家
⁷ 以你无上威严,将一切凶顽打倒

以你胸中怒火，焚敌如烧秕糠
^{8} 以你微微鼻息，使激流垒起高墙
波涛叠上波涛，海心凝为干道。

^{9} 仇敌扬言：追呀！逮住他们
当猎物分了，我要尽情享用
我要抽出利剑，亲手将他们斩绝！
^{10} 可是你轻轻一吹，巨浪就重新合拢
仿佛铅块，他们沉下深渊。
^{11} 啊，耶和华！至尊至圣
诸神之中谁能与你相比
可敬可畏，处处施展神迹？
^{12} 伸出你的右手，大地把他们吞噬！
^{13} 你仁爱领路，救赎你的子民
又以伟力指引，众人到你的圣居。

^{14} 异族听说，浑身战栗：
阵痛攫住了非利士人
^{15} 红岭的酋长灰心丧气
摩押的首领一片惊慌
迦南的居民两腿发软
^{16} 恐惧，将他们笼罩！
啊，耶和华！以你的全能之臂
令他们呆若废石，直至你的子民

越过，你赎获的这一族渡过。

[17] 你将引领子民，登上圣山

栽种你的产业。

那是你，耶和华，自备的居处

你亲手建的圣殿。

[18] 耶和华为王

万世无疆！

[19] 就这样，法老的车骑刚冲到海底，耶和华就合拢巨浪淹了他们；而以色列子民却踏着干地，穿越了万顷波涛。

[20] 女先知米莲是亚伦的姐姐。她拿起一面铃鼓，妇人们便跟着，手摇铃鼓，载歌载舞；[21] 每唱一段，米莲都这样应答：

歌唱耶和华，全胜而荣耀

骑兵连同战马，他一起抛进波涛！

注释

15:2　我的歌，zimrah，转喻受歌颂的神，赛12:2，诗118:84。七十士本：屏障/庇护，skepastes，申32:38。父亲，'abi，犹言祖宗(的上帝)，3:6, 15。

15:3　战士，'ish milhamah，耶和华原是护佑亲族的战神，也是降伏"深渊""大水"（象征混沌和仇敌）的雷电之神，创1:2，诗29, 77:16–19。

15:4 芦海，yam suph，钦定本从七十士本：红海。特指红海北部苏伊士湾及尼罗河三角洲东部湖泽，13:18 注。

15:6 右手，yamin，熟语，喻大能。

15:8 海心，leb yam，犹言海底，诗 46:2。

15:10 轻轻一吹，nashaphta beruhaka，直译：你的风／气／灵一吹。回放太初，风吹大水，圣灵盘旋，创 1:2。

15:11 诸神，'elim，指异教神。解作大力者，如奴役子民的法老，亦通。

15:13 仁爱，hesed，神性之核心，基于信约的恩泽，20:6, 34:7；对应子民的忠信，何 4:1。圣居，neweh qadsheka，上帝在子民中间的居所，美称应许以色列的福地，即迦南（巴勒斯坦古称）。

15:14 阵痛，hil，特指妇女分娩之苦，创 3:16，喻迦南居民包括非利士人的恐惧，赛 13:8，诗 48:6。

15:15 红岭，'edom，死海以南山区；摩押，mo'ab，死海东岸一部族：均为以色列邻国。两腿发软，namogu，本义溶化，形容因害怕而发抖、瘫痪。

15:16 越过／渡过，ya`abor，摩西死后，以色列渡约旦河入侵迦南，书 3:7 以下。

15:17 圣山，har，即锡安山，耶路撒冷后来建圣殿的小山，诗 78:54。

15:19 插入此节，呼应前文的神迹，引出米莲之歌，15:21。

15:20 米莲，miryam，谐音"苦"，mar，今名玛丽／玛丽亚源于此。按家谱，她是亚伦与摩西之姊，通说即"婴儿摩西"故事里看护婴儿的那个小姐姐，2:4，民 26:59。女先知，nebi'ah：显然米莲跟两个弟弟一样，也可替众人祈祷，领受神谕，教导子民，民 12:2。"米莲之歌"，便是圣书垂范，以色列第一位女先知的见证。

会幕
《出埃及记》40:1–38

以色列出埃及之后,第三个新月,抵达西奈山,出19:1。面山安营已毕,摩西登山觐见上帝,领受圣法,torah。他在雷声隆隆云幕笼罩的山巅,同耶和华一起,待了四十昼夜。耶和华训示先知,建一圣所,做天父在子民中间的居处。并把帐幕及其中诸圣器的式样,一一指示了,25:8–9。摩西遂挑选能工巧匠,组织人力,开始制作,同时号召会众捐献,包括金银铜、羊毛木材灯油香料,乃至"红玛瑙和镶饰大祭司圣衣与胸袋的各色宝石",35:5–8。

细心的读者或许会问,以色列在埃及是干苦役的奴隶,好不容易出逃,流落西奈荒野,哪来的那许多财物?原来,作者早有伏笔:子民临行前,埃及惨遭耶和华屠戮,家家户户死了头生子,"上至宝座上的法老,下到推磨的女奴"。当晚,摩西传达神谕,命族人发难,向埃及邻居"借取"财物,11:2, 12:35。这些暴动者的掳获,便是建圣所的会众给先知送来的献仪。

终于,出埃及次年,正月初一,会幕立起,一切"按耶和华给摩西的指示"。《出埃及记》如此结尾,宛如一部天乐交响的末章:先以散文复述神谕,继之以节律严整的排比,呈现摩西指挥子民营造圣所,一步步完工;直至祥云笼罩,圣言成诗,"耶和华的荣耀充满了帐幕"。

于是，耶和华诏示摩西：

²你可在正月初一立我的会幕，³将约柜请入，用帐幔遮起。⁴再搬进供桌，摆上供品；放置灯台，盏盏点燃。⁵焚香的金坛，安在约柜前面。帐幕入口处要挂门帘。⁶门外，放全燔祭坛；⁷再将铜盆置于帐幕与祭坛之间，注满清水。⁸然后，用帷幔围起院子，悬上大门门帘。⁹取圣油，先涂抹会幕及内中一切器皿，使之归圣；¹⁰再淋洒全燔祭坛和献祭用具，使之归于至圣。¹¹铜盆与底座也要涂抹归圣。¹²之后，你把亚伦父子带到会幕门前，令其沐浴。¹³取圣礼服给亚伦穿上，膏油归圣，做侍奉我的祭司。¹⁴再命他的儿子上前，着内袍，¹⁵如同父亲，也膏油归圣，立为我的祭司。此膏立之礼行过，他们就世世代代永掌祭司之职了。

¹⁶摩西遵命，一一办了。

¹⁷来年正月初一，会幕立起：

¹⁸摩西一声令下，卯座、支架、横木、柱子，全部顺次到位。¹⁹铺开幕顶，蒙上皮罩，帐幕便搭成了：按耶和华给摩西的指示。

²⁰他将约版请进约柜，柜子两侧穿好杠子，再盖上施恩座。²¹然后将约柜请入会幕，用帐幔遮起：按耶和华给摩西的指示。

²²他把供桌搬进会幕，放在北边，隔着幔子，²³摆上献给耶和华的供饼：按耶和华给摩西的指示。

²⁴他把灯台搬进会幕，放在南边，与供桌相对。²⁵在耶和华面前将灯盏一一点燃：按耶和华给摩西的指示。

²⁶他把金坛移入会幕，置于幔子前，²⁷焚上熏香：按耶和华给摩西的指示。

²⁸ 他在帐幕入口处挂好门帘。²⁹ 门外，安放全燔祭坛，献上全燔祭和素祭：按耶和华给摩西的指示。

³⁰ 他在帐幕与祭坛之间安放铜盆，注满清水，³¹ 供摩西和亚伦父子洗濯手足。³² 他们每次入会幕或来祭坛执礼之前，都要洗濯：按耶和华给摩西的指示。

³³ 最后，他在会幕和祭坛四周用帷幔围起院子，悬上大门门帘——

就这样，摩西大功告成。

³⁴ 这时，一柱祥云罩住圣所

耶和华的荣耀充满了帐幕。

³⁵ 摩西进去不得，

因为幕顶停着云柱

耶和华的居处一片明光。

³⁶ 每当祥云从帐幕升起

以色列子民就拔营上路。

³⁷ 若那云不动，他们也安营不动

直至它重新飞升。

³⁸ 征途漫漫

止止行行，以色列全家看得清楚：

白天，耶和华的祥云在帐幕顶上

夜晚，那云柱通体烈焰煌煌。

注释

40:2　会幕，'ohel mo`ed，供天父居住，与子民同行，为所罗门建耶路撒冷圣殿的"原型"或理想样式，称圣所，miqdash。摩西时代，以色列是游牧民族，故圣所是一座大帐篷，内辟一室，安放约柜，'aron ha`eduth，用帷幔隔开，名至圣所，26:33。约柜用金合欢木，shittim，包金制成，内存摩西在西奈山领受的镌有十诫的约版。柜盖称施恩座，kapporeth，意谓上帝亲临赦罪"施恩"之位。所以，约柜也叫耶和华的"脚凳"，象征神的大力，诗 99:5, 132:7，子民行军作战，都离不开它，民 10:35–36。

40:12　亚伦，'aharon，摩西之兄，米莲的弟弟，民 26:59。圣法规定，亚伦父子负责圣所祭祀；据此，后世利未人的祭司集团奉其为鼻祖而承命，民 25:13。

40:13　膏油，mashah，用圣油涂抹或淋洒，以示区别于俗人俗物，称祝圣。立大祭司，在"耶和华面前"（祭坛前）行膏礼，则称归圣，30:23–30。

40:19–32　按耶和华给摩西的指示：此短语重复七次，强调会幕之完美，创 1:31, 2:2。

40:34–35　祥云 / 云柱，`anan，婉言至高者降临，如约人居营地，亲自为子民引路，13:22，民 9:15。

40:38　征途漫漫，止止行行，bekol-mas`ehem，意谓"以色列全家"在荒野里的起止驻行，一切依照耶和华的旨意，民 9:17 以下。原文 36 节末重复此短语。

比兰的预言

《民数记》24:3–24

比珥之子比兰，bil`am（谐音混乱，bela`），是外族的异教先知，家住幼发拉底河上游善解城，pethor，民 22–23。摩押王得知以色列击败了邻邦，大惧，派使节持重金至善解城，聘请比兰南来，诅咒以色列。国王同先知登上离子民营地不远的一座"巴力高丘"，修起七座祭坛，献了公牛和公绵羊。不想耶和华突然"降临，将言辞放进比兰嘴里"，先知启齿，竟是：上帝没诅咒的，我怎能诅咒？上帝不谴责的，我如何谴责？ 23:8。

国王只好请他换一处高地，重新预言。可是比兰心里明白，耶和华喜欢祝福以色列，就不愿诅咒。末了，他们来到迦南大神巴力，ba`al，的圣地，毗珥山顶峰，又造了七座祭坛，献上牺牲。比兰俯瞰荒野，见子民的营盘"一方方按支族排列。上帝的灵倏然附体，不由得脱口而出"，说了以下这一番预言。

比珥之子比兰的预言，是明目的视者预言
[4] 是聆听了上帝启示，亲见全能者的异象
于沉睡中睁开双眼的预言。

⁵ 啊，雅各，你的帐篷多美
  以色列呀，你的营地多宽！
⁶ 像一行行无际的海枣，又像河畔的花园
  像耶和华手植的沉香，又像临水的雪松。
⁷ 看，他的子裔要出一位英雄，统治无数的民族
  那君主要高过阿甲，他的王国终将显扬。
⁸ 是上帝领他走出埃及，如野牛抵角，吞灭仇敌
  他要打碎他们的骸骨，折断他们的箭镞——
⁹ 躺下，又仿佛雄狮蜷伏
  谁敢把兽王惊动？
  啊，祝福你的，必定得福
  诅咒你的，必遭咒诅！
  ……

  比珥之子比兰的预言，是明目的视者预言
¹⁶ 是聆听了上帝启示，深知至高者的意愿
  亲见全能者的异象
  于沉睡中睁开双眼的预言。

¹⁷ 我看到的，并非现在
  我望见的，乃是将来：
  有一颗星，将起于雅各，以色列高举权杖
  他要打碎摩押的额角，塞特子裔的头颅。
¹⁸ 红岭将成为他的产业，毛岭落在他的掌中

以色列将扬威四方，¹⁹ 当雅各踏倒

一个个仇敌，消灭大城里

最后的残余。

……

呜呼，上帝不许，谁能逃生？

²⁴ 看，基廷一带，万船进发

攻陷亚述又征服希伯——终于

自己也沉沦湮没。

注释

24:3　预言，ne'um，特指神谕、诺言，14:28，诗36:1。明目，shethum，另作闭目，无确解，译文从七十士本。下同。

24:4　沉睡，nophel，从七十士本；原文：倒下。

24:6　海枣，nehalim，象征以色列；另作（同音词）河谷。

24:7　他的子裔要出一位英雄，统治无数的民族：从七十士本。原文不通：水流出其桶，种子在诸水。阿甲，'agog，亚玛力王，被以色列王扫罗击败，撒上15:8。

24:8　抵角，to`aphah，象征伟力，喻上帝或子民，皆通。

24:9　躺下，又仿佛雄狮蜷伏／谁敢把兽王惊动：引自雅各临终给四子犹大的祝福，创49:9。祝福你的，必定得福／诅咒你的，必遭咒诅：熟语，也是耶和华对圣祖的应许，以撒给次子雅各（以扫之弟）

的祝福，创 12:3, 27:29。

24:17　星，kokab，象征王权；后世解作大卫，或受膏者/弥赛亚。权杖，shebet，七十士本作"一人"，对上句"星"。

额角，pa'athey，喻疆域。七十士本：首领。塞特，sheth，亚当的第三子，"长相酷似父亲"，创 4:25, 5:3。头颅，qarqar，毁灭，校读从撒玛利亚本，耶 48:45。

24:18　毛岭，se`ir：以扫自幼红肤、多毛，绰号红哥，'edom，参创 24:60 注（《祝福新娘》）。其部族领地在死海以南山区，即毛岭，又名红岭，'edom，出 15:15 注。落在他的掌中：校读从传统本注。原文：落在仇敌（掌中）。移"仇敌"至 19 节。

24:19　大城，`ir，此处泛指摩押全境，出 15:15，申 2:9。

24:24　基廷，kittim，即塞浦路斯，泛指地中海民族。希伯，`eber，挪亚之子闪的后裔，希伯来人的先祖，创 10:24。此节后世解作马其顿大帝亚历山大东征，或罗马帝国的命运。

摩西之歌

《申命记》32:8–39

摩西临终,做了三件大事:传授圣法,立助手约书亚接班,及"循祖制,以族长身份祝福以色列十二支族并预言未来"(《摩西五经》译序)。圣法立于信约,是人神关系的基石,"即使天地灭了,也不会少掉一点一画",俨如耶稣所言,太 5:18。接班人和祝福/预言,却是关乎先知身后,以色列何去何从的"路线问题"。

圣书所载,子民一如外族,部落酋长王公贵胄,世袭是常态。摩西膏立亚伦父子为大祭司,后裔永续,也是世袭,出 40:12 注(《会幕》)。摩西死后如果儿子继位(若儿子去世,则传孙子),不啻天经地义。他是"上帝之人",时时出入耶和华的祥云,"在全以色列眼前,举手展示大力而可畏之极",申 34:12。而且,子民结束四十年荒野流荡,抵达约旦河东岸时,米莲、亚伦已"归去与先人团聚",民 20:1, 28。摩西堂弟寇腊纠集二百五十名会众头目作乱,吕便支族达三、阿臂策动政变,也均告失败,民 16。而经过"刺探迦南"事件,上帝因以色列军心动摇而降怒,取消了所有年满二十、登记在册的男丁进福地的资格,令其"遗尸荒漠"——只有两位主战派,约书亚与加盟犹大支族的迦南人迦雷(以及妇孺)除外,民 14:27 以下。这时候,以摩西的威望,若是效法邻国称王,会众的拥戴大概是无疑问的。

所以,他大权不传儿孙,废除首领世袭而擢立约书亚,yehoshua`,

既是出于选贤的公心,也是卓有远见的制度安排。从此以色列政教两分,即政治领袖,包括各支族的"士师",shophtim(判官,掌军事和司法的执政者),不得世袭。与之相对,祭坛前执礼的祭司及圣所内一切职位,专属亚伦子裔和利未人。后来扫罗称王,终结了士师制度,但依然是政教两分。众先知对王权和祭司集团腐败的抨击,则继承光大了摩西对君主制的深刻的不信任,申 17:14–17,撒上 8:10–18。

政教两分,圣法至上,人世的君主便失去了神圣的光环,仅是统治百姓的一个"大力者",出 15:11 注(《凯旋之歌》)。因为子民只敬拜一位主,即天上的王。

这就是为什么,摩西将律法载于书卷,令"抬耶和华约柜的利未人"拿去供奉,"作谴责[以色列]的见证",申 31:26。而随后召集各支族长老、文书,并全体会众,呼天地作证,高声吟诵《摩西之歌》;其预言之要义,便是以上帝亲口儆戒,控诉子民的种种恶行,反衬后者蒙福的条件和信约责任——若非"子民都变成先知,人人承接耶和华的灵",于万民之前归圣而成就"一个祭司之国、一座圣洁之邦",以色列必不获救,民 11:29,出 19:6。

[8] 当初,至高者散布万族,为亚当子孙分赐家园
   他曾按照神子的数目,给列国划定疆界;
[9] 但耶和华那一份是他的子民
   雅各做了他独有的产业。

¹⁰ 他在大漠里找到雅各

在一片哭嚎的荒野，将他抱起

照顾爱护，犹如眼中的瞳人。

¹¹ 又如老鹰唤醒它的幼雏，盘旋于崖巢之上

［耶和华］也展开他的双翼

背负着雅各飞翔！

¹² 耶和华是他惟一的向导

他身边没有异神。¹³ 他让雅各驾驭群山

享用丰收的田园，又让峭岩为他产蜜

顽石给他出油：¹⁴ 牛酪羊乳，羔子肥美

巴珊的纯种绵羊与山羊，还有

那麦粒的腰脂，那葡萄血汁

醉人的纯酿。

¹⁵ 然而雅各一旦吃饱喝足，耶书伦刚刚养胖

就要踢人，肥壮光鲜了你马上撒野

就抛开造他的上帝，鄙视救他的磐石！

¹⁶ 就追随番神，令耶和华动怒

秽行恶心，冒犯圣威：

¹⁷ 祭祀起一个个假神明真魔鬼

闻所未闻，新来乍到的种种灵祇

全是些祖上从不畏惧的东西——

是的，¹⁸ 就把生你的磐石丢在脑后

忘记了诞你的上帝!

[19] 这一切耶和华看在眼里,他愤然
抛下自己的儿女,[20] 说:我要藏起脸
不理他们,看他们到底什么结局!
这忤逆的一代,不忠的子民
[21] 竟敢以假冒的神明令我动怒
用虚妄的偶像挑战圣威——好
我就遣下虚妄之民,让他们嫉恨
叫他们怨艾一支蠢笨的异族!
[22] 看,我的怒火已经点燃,要烧到阴间的深处
吞噬大地及一切物产,焚毁群山的根基。
[23] 我要他们尝遍灾难,朝他们射尽我的箭镞:
[24] 饥荒与瘟疫,致命的恶疾
他们一样都逃脱不了,
还有野兽的利齿,防不胜防
泥尘里游弋的毒蛇!
[25] 上街,被刀剑攫走
入室,为恐怖统辖,
不论男丁少女乳儿白头
无一幸免厄运——[26] 我本想
将他们碾为齑粉;抹去世人对他们的记忆。
[27] 可是我不愿意仇人夸口,怕顽敌自以为得计
说什么:这回全靠我们动手

不干耶和华的本事!

²⁸ 啊,那一族也是少些智谋
　浑浑噩噩,全无见识!
²⁹ 假若聪慧一点,动动脑筋
　即会明白自己的命运:
³⁰ 一人怎么可能击溃一千?
　两人又如何大败一万?
　除非磐石卖掉了他们
　子民被耶和华舍弃。
³¹ 连我们的仇敌也不否认
　他们的磐石不如我们的磐石。

³² 看,他们葡萄是所多玛的种
　生长在俄摩拉果园:粒粒有毒
　串串苦涩,³³ 酿造的血酒
　纯如蝰蛇吐出的毒液。
³⁴ 但这些,我早已收起在身边
　封存于我的库房——
³⁵ 伸冤在我,我必报应
　只等他们失足跌跤;
　是的,只待那天他们遭祸
　末日匆匆,一下降临!

³⁶ 因为耶和华要为子民主持公道

定会怜悯自己的仆人，尤其见他们

束手待毙，奴隶与自由人皆所剩无几。

³⁷ 他们的神明去了哪儿？他要问：投靠的

磐石又在何处？³⁸ 不是都吃过祭牲的脂肪

喝了百姓酹祭的琼浆？快请它们起来

救援呀，给你们当一回屏障！

³⁹ 明白了吧——

$\qquad\qquad$ 我，惟有我

才是"他"；除我之外

别无他神。我杀我生

我伤我治，谁也逃不出

我的掌心。

注释

32:8	至高者，`elyon，上帝的称号，创 14:18。神子，从死海古卷及七十士本。原文费解：以色列儿子。划定疆界：意谓各国均有神子或天使庇护。
32:9	雅各，以色列的本名，创 32:29。独有的产业：至高者虽然创世造人，最初却是一位民族神，出 19:5。
32:11	盘旋，yeraheph，回放创世之初，圣灵盘旋，创 1:2。
32:12	他，犹太社本大写，指上帝。七十士本：他们。即子民。

32:13　让峭岩为他产蜜，直译：叫他从峭岩吮蜜。

32:14　巴珊，bashan，今约旦北部、叙利亚南部高原，以土地肥沃而著称。麦粒的腰脂：喻精白细面。

32:15　雅各一旦吃饱喝足：原文无此句，据七十士本及撒玛利亚本补。耶书伦，yeshurun，以色列爱称，本义正直。踢人／撒野：谐音隐喻，比作公牛，shor。

　　　　磐石，zur，喻上帝、神明，下同。回放磐石献水故事，象征拯救，出 17:6。

32:16　番神，bezarim，原文无"神"字，按格律补，读若通行本。

32:17　魔鬼，shedim，巴比伦语借词，原指小神，daimonia。畏惧，se`arum，无定解。七十士本：认识。

32:20　我要藏起脸：脸，喻恩惠，31:17，创 4:14。

32:21　虚妄之民／蠢笨的异族：言其不识智慧大能。上帝不容不忠；圣怒将以子民同邻国争战，或遭受外族（亚述、巴比伦）侵略的形式降临。

32:22　阴间的深处，she'ol tahtith，摩西传统，亡灵统归冥府，无分善恶。罪人死后灵魂在阴间底层"负辱"受罚，是后起的观念，诗 31:17。

32:23　箭镞，hizzay，喻病痛灾祸，神的惩戒，诗 18:14, 38:2，伯 6:4。

32:26　碾为齑粉，'aph'ehem，从圣城本。七十士本：分散。无确解。

32:27　夸口，ka`as，或作挑衅。怕，'agur，耶和华感情丰富，一如人子，不喜示弱与后悔，创 6:6。我们动手，直译：我们手高。

32:28–31　此段是摩西插话，谴责敌族，上文 21 节。

32:29　即会明白自己的命运，七十士本：他们将来自会明白。亦通。

32:30　卖掉了他们，mekaram，交付了断，以商业作喻。反言／反讽以色列抛弃真神，31:20。

32:31　不否认，pelilim，直译（可）判明。七十士本：蠢笨，'ewilim。他们的磐石不如我们的磐石，讽刺：假神非神，误比磐石。

32:32　摩西插话结束，上帝接着说。所多玛／俄摩拉：象征敌人（他们）邪恶而毁亡的命运，29:22，创19。

32:34　这些，从七十士本。原文单数，指代不明。

32:35　伸冤，naqam，或作复仇，罗12:19。末日，`athidoth，预定之事、命运。

32:36　束手待毙，直译：手（喻力量）消失。

32:37　投靠的磐石又在何处：讥讽异神虚妄，实为祸端。

32:39　除我之外，别无他神：比十诫禁拜偶像更进一步，摩西否认异教神的存在，4:35, 39，赛43:10–11, 13。

二〇一六年七月

卷二　历史书

黛波拉之歌
《士师记》5:1–31

故事发生在公元前十二世纪中叶，以色列进占迦南不久。加利利湖北边兴起一个迦南王（酋长）雅宾，yabin，帐下一员西将军，sisera'，领九百辆铁甲兵车，十分凶悍。以色列北方各支族受其蹂躏，达二十年之久，士 4:2–3。

当时，坐在海枣树下为子民听讼断案的，是一位女先知"蜜蜂"黛波拉，deborah，号"火炬女"，'esheth lappidoth（或闪电妻）。她得了上帝的旨意，决定发动圣战，保卫以色列。遂派人请拿弗他利支族的首领、亚比诺安之子巴拉克来商议，要他由本支族和西布伦支族召兵一万，去加利利湖东南塔博山扎营，准备歼敌。那巴拉克人称"一道闪电"，baraq，接神谕却有点踌躇，说：如果先知同行，我就去，否则去不得。因为究竟哪一天耶和华会遣使者赐我获胜，我没法子知道呀，4:8（七十士本）。好，黛波拉道，我跟你一起去！但那样一来，荣耀就不归你了，要交在一个女人手里。

西将军得知以色列人到了塔博山，tabor，忙点起大军，前来迎战。不料进入基顺谷，河水突涨，那九百辆兵车陷在泥泞里，进退不得——宛如当年追击子民的法老车骑，出 14:25。黛波拉向巴拉克道：耶和华亲自出战，走在你前头了！巴拉克立刻率军从山上冲下。迦南人猝不及防，大乱，哪里抵挡得了以色列的刀剑，4:15。

西将军见大势已去，只好弃车逃跑。走着走着，见不远处有座基尼人的帐篷。近前，帐篷掀起，出来一个女子，说：主公请进，请进来吧，别怕。西将军又累又渴，进了帐篷，就讨水喝。那女子便打开皮囊为他倒奶，喝了，还拿毯子给他，让他休息。西将军不放心，要她去门口站着：若是有追兵来查问，不要说家里有人。然后才躺下，盖上毯子，却再也没能起来——"基尼人贺伯的妻子叶娥拿起一根帐篷的橛钉，又寻出锤子"，悄悄走到睡着的人身后，握紧了橛钉，对准他的太阳穴，一锤打下，把那颗头颅钉在了地上，4:21。

待巴拉克赶到，叶娥掀开帐篷，"一道闪电"大吃一惊：看，上帝将杀死敌酋的荣耀交在了谁的手里！

"黛波拉之歌"大约是女先知为庆祝凯旋并感恩而作的，如同以色列第一位女先知、摩西姐姐米莲的短歌，出15:21，属于《圣经》里年代最早的诗章。风格刚健，语汇古朴，既富于女性的关怀与细腻感情，又充满了英雄气概，黛波拉名不虚传：她"从耶和华复得喜悦"，"因以色列的圣者而欢歌"，赛29:19。

那一天，黛波拉引吭，同亚比诺安之子巴拉克唱道：

[2] 当以色列披散长发
民众踊跃从军——赞美
属耶和华！

³ 听哪,君主!王公们,请侧耳!
我要咏唱,要向耶和华献歌
耶和华,以色列的上帝。

⁴ 耶和华啊,当你从毛岭开拔
出征自红岭之野,
大地颤抖,诸天倾泻
是呀,乌云泼雨 ⁵ 群山摇晃
在耶和华面前,西奈的那一位——
在耶和华以色列的上帝面前!

⁶ 当牙娜之子山尕之日
正当叶娥之时,商旅敛迹
行路的通通绕道。
⁷ 以色列的村庄一座座消失
直到你,黛波拉奋起
奋起,啊以色列的母亲!

⁸ 自从人选了什么新神
战火就烧进了城门。
以色列四万人中间
可曾见一面盾牌一枝长矛?
⁹ 我的心向着以色列的首领
为子民他们踊跃当先——赞美

卷二 历史书 57

属耶和华!

^{10} 啊,骑褐驴、跨鞍毡、行路的
放声吧,你们
^{11} 盖过弓箭手的呐喊!
还要在打水处一桩桩数说
耶和华的公义
他的以色列农人的胜利——
是呀,下到城门了,耶和华之民!

^{12} 醒来呀醒来,黛波拉!
醒来呀醒来,唱起来!
起身哪,巴拉克,捉你的俘虏
亚比诺安的儿子!
^{13} 于是残存者竟扑向强敌
耶和华之民为我踏倒了勇士。

^{14} 那来自以法莲的,根子在亚玛力
你身后,是本雅明你的族人;
玛吉派出了首领
西布伦手持点兵的杖;
^{15} 以萨迦的头人与黛波拉同行
巴拉克有拿弗他利听命
紧跟他冲进山谷。

可是吕便的众亲族

心里老是犹豫——¹⁶为什么

还在羊圈间流连,坐听

牧哨?吕便的亲族啊

心里的犹豫好大!

¹⁷ 基列却定居于约旦河东

丹呢,为何滞留船上?

亚设则留在了海滨

找他的港口安家。

¹⁸ 惟有西布伦无人贪生怕死

一如拿弗他利

守田野高地。

¹⁹ 诸王齐来讨伐:

迦南王在塔纳城

在麦吉度水畔鏖战

却一个银钱也未掠得。

²⁰ 天上,星星也参战了!

由各自的轨道打击西将军——

²¹ 基顺河的激流卷走了他们

激流翻滚的基顺:

前进,我的灵,使劲!

²² 于是马蹄震响

他铁骑奔腾,奔腾!

²³ 诅咒米罗斯,耶和华的使者说:
狠狠诅咒那些村民!
因为他们不肯来助耶和华
助耶和华大败强敌。

²⁴ 愿女子当中叶娥第一有福!
胜于所有帐篷里的女人
愿基尼人贺伯的妻
蒙福!
　　²⁵ 他讨水喝,却饮了奶
她用顶尊贵的碗端上凝乳。
²⁶ 然后[左]手拿起帐篷的橛钉
右手取工匠的锤子
对准西将军头颅就是一记
一锤把太阳穴击穿!
²⁷ 他趴下了,仆在她脚间
朝她两脚曲身仆倒
就仆那儿,一动不动
死掉!
　　²⁸ 西将军的母亲还在窗口
探望,隔着窗棂她在叹息:
他的战车怎么了,迟迟不来?

什么事耽搁了那隆隆车轮?

²⁹ 聪明的女官给了回复

她仍旧自言自语:

³⁰ 莫非他们在分掳获

每人得了一两个子宫?

缴来的彩衣要归西将军

那堆绣花的彩衣;

要挑两件斑斓些的

围我的颈项!

³¹ 就这样,愿你的仇敌全灭亡

耶和华!

而爱你的人就像朝日蓄勇

升起一轮辉煌!

注释

5:2 披散长发,biphroa` pera`oth,参加圣战者许愿归圣,不剃须发,犹如献身者参孙,shimshon,13:5,民 6:5,申 32:42。

5:4 毛岭/红岭之野:耶和华本是战神,出 15:3,来自阿拉伯半岛西北地区(米甸)和西奈荒野,"从毛岭照耀子民",申 33:2,参民 24:18 注(《比兰的预言》)。

5:5 摇晃,nazollu,校读从七十士本,赛 63:19。原文:淌下,nazlu。

5:6 牙娜之子山尕，shamgar，以色列士师（军事首领），曾用一根赶牛棒击毙六百非利士人，3:31。但他的名字像是外族，因为牙娜，`anath，是迦南女战神，大神巴力之妹；或作地名，即牙娜屋，beth `anath，加利利湖向西二十公里，一处迦南人的山村，书 19:38。

商旅，'orehoth，校读从传统本注。原文：路，'orahoth。

叶娥，ya`el，"野山羊"，基尼人贺伯之妻，她家的帐篷离战场不远。贺伯，heber，是摩西岳父何巴的后代，4:11，民 10:29。

5:7 你奋起，qamti，不作第一人称单数解（如钦定本），而读作古体动词词尾，第二人称阴性单数。

5:8 新神，'elohim hadashim，谴责子民追随异教，招来灾殃；摩西的预言和诅咒应验，申 28。

5:9 为子民，ba`am，或如犹太社本：子民中间（那踊跃当先的）。

5:10 褐（驴），zehoroth，另作灰里透红、白亮。骑驴跨鞍：指富人，与徒步的穷人相对。

5:11 弓箭手，mehazezim，本义分（战利品），转指射箭而擒敌者。

5:13 残存者，sarid，子民受欺压遭屠戮，故言，赛 1:9。

5:14 亚玛力，`amaleq，雅各之兄以扫的后人，游牧部族，以色列的世敌，创 36:11 以下。根子：勇气之根？拿世敌反衬以法莲支族的骁勇？注家歧见纷纭，无善解。

玛吉，makir，指留居约旦河东的玛纳西半支族，民 32:39–40。点兵的杖，直译：书记官的杖。

5:15a 拿弗他利，校读从圣城本，对应下文 18 节。原文重复：以萨迦。一共六支族参战，主力是以萨迦和拿弗他利，4:6, 10。山谷：即基顺河谷，5:21 注。

5:15b-17　指责、讽刺未派援军的另外四支族。犹豫，hiqre，吕便支族领地在死海东岸，受大漠的游牧部族威胁，故不愿北上参战。牧哨，shriqoth `adarim，牧人以哨音或笛声招呼羊群，或发警报。基列，gil`ad，即迦得支族，领地也在河东。此二支族对摩西立过誓，负有支援义务，民32:20以下。

滞留船上：鄢薄丹支族打鱼为生，或者给腓尼基船主做佣工。

作者不提南方的犹大与西缅支族。或因他们距离较远，另有布防，尚未加入北方支族的御敌同盟。

5:19　塔纳城，ta`anak，麦吉度（高地），megiddo，基顺河谷两处兵家必争之地。

5:20　星星参战：圣战者得到耶和华的天军佑助，书10:13。

5:21　基顺河，qishon，系季节河，流经麦吉度，至果园山注入地中海。翻滚，qedumim，乱流迎击状，另读如钦定本：古老（的河）。无定解。

5:23　米罗斯，meroz，地名或部落名，详不可考。大败强敌，baggibborim，或作（派）勇士（助战）。

5:25　他，指西将军。尊贵的碗端上凝乳：仿佛接待贵宾，暗讽。喝奶易入睡，将军不知是计。

5:27　脚间/两脚，ben ragleha，即两腿间，暗示叶娥利用色相，消除将军的戒心；或作胯下，则是形容她的英雄气概。

5:28　叹息，teyabbeb，七十士本：眺望。

5:29　聪明的女官：嘲讽，"聪明"只在幻想大军得胜，掳来女奴彩衣。

5:30　子宫，raham，贬称女奴。我的颈项，校读。原文不通：掳获之众颈项。

5:31　　爱你的,从七十士本及通行本。原文:爱他的。此节一说是后加的。

汉娜的祈祷

《撒母耳记上》2:1–10

汉娜，hannah，是拉玛小镇一个以法莲人艾尔迦纳的妻子。可是婚后耶和华闭了她的子宫，丈夫只好又娶一房，生了儿女。那二房欺她荒胎不妊，经常冷嘲热讽。尤其是到了朝觐的日子，那两片嘴唇就像吐刀子似的，叫汉娜伤心落泪，饭也不吃一口。丈夫心疼，安慰道：汉娜，你哭什么，那么伤心？何苦饿着呢？有我对你好，不比十个儿子强？撒上 1:8。

来到示路——那时上帝的圣所还不在耶路撒冷，是在北边的示路——待家人用了餐，汉娜就起身去到耶和华面前。灵中的痛楚又化作了眼泪，她默默许愿：万军耶和华啊！若是你垂顾你使女的卑微，不忘把使女放在心上，若是你恩赐使女一个男孩，我一定将他献给耶和华，一辈子，头不沾剃刀，1:11。

她这么祈祷，祭司俄理，`eli，坐在门口看去，觉得奇怪，怎么嘴唇在动，却没话音？以为是个醉鬼，便申斥她。汉娜道：啊不，大人，可怜我一个苦灵女子，'ishshah qeshath-ruah，一滴酒也没喝呀。我这是在向耶和华倾诉苦情，请别把我当坏女人了！去吧，愿你平安，俄理回答，愿以色列的上帝遂你所愿。汉娜拜道：小婢在大人眼里蒙恩了。她走出圣所，就恢复了饮食，脸上的愁云也不见了。

回家，艾尔迦纳同汉娜"相认"（婉言同房），创 4:1 注，耶和华果然没有忘记：她怀孕了。期满，诞下一个男孩，取名撒母耳，shemu'el，"因为他是我向耶和华求得的"，she'iltiw，1:20——词根谐音扫罗，sha'ul，即日后撒母耳任先知，为以色列膏立的国王，10:1以下。

一俟孩儿断奶，汉娜便叫丈夫牵一头三岁小公牛，背一筐面粉并一皮囊酒，一起把儿子送到示路圣所，shiloh。牺牲献毕，汉娜向俄理说：大人在上，我就是当年站这儿苦苦祷告的那个女人。这孩儿，便是耶和华垂听，遂我所愿，我求得的！今天，我要将他奉献耶和华，一辈子献归耶和华！1:28。祭司遂收下了小撒母耳。

这首诗，"汉娜的祈祷"，跟上述历史叙事的渊源不同，是后人/编者插入的一朵奇葩。虽然内容风格与情节不太吻合——比如汉娜一下变了身份语气，成了贫苦子民的代言人；结尾礼赞受膏的王，也是明显的"史误"（anachronism）——但确是令以色列"犄角高扬"的一曲感恩颂，对后世影响极大。福音书里，童女玛丽亚"甘当主的使女"，蒙"大能庇荫"圣灵感孕。接着，探访表亲伊丽莎白，受后者祝福，所诵赞美诗"我的心尊主为大"（Magnificat），路1:46–55，便是脱胎于汉娜此诗。

我的心因耶和华而欢跃
啊耶和华，我犄角高扬！
开口就把仇敌［嘲笑］
凭你的救恩，我欢愉！

² 只有你一位至圣，耶和华——
  绝无别个，无磐石
  如我们上帝。

³ 所以说话不要太傲慢
  不要口吐愚狂，
  因为耶和华上帝全知
  [人的]作为归他衡量。

⁴ 壮士的弓纷纷折断
  跌倒的，却有勇力束腰。
⁵ 饱足的[现在]要为一块面饼卖劳力
  饿肚子的，再不用受饥
  而荒胎的竟连生七胎
  那儿女成群的，反遭遗弃。

⁶ 耶和华赐死，也赐生命
  又扔阴府又让人高升；
⁷ 变贫变富，都在耶和华
  有贬低也有褒举。
⁸ 卑微的，他自泥尘里擢拔
  把穷人捡出粪堆
  令他们与王公同席
  继承其荣耀之位。

因为，地柱全属耶和华

是他将世界立定。

⁹ 虔敬者的脚步，他必守护

黑地里使恶人沉寂——

绝不许人靠蛮力获胜。

¹⁰ 凡与耶和华为敌的，他必粉碎

必从诸天掷下雷霆！

啊地极到地极，耶和华审判：

大力必赐予他的王

他受膏者的犄角，必高扬！

注释

2:1　犄角，qarni，象征大力、骄傲、地位，诗 18:2, 75:4–5。

2:2　磐石，zur，喻上帝、神明，申 32:15 注（《摩西之歌》）。

2:3　愚狂，`athaq，妄言，不敬神，诗 31:18, 94:4。此节警告子民的敌人。

2:4　弓，qesheth，喻勇力。以下写耶和华的审判将颠倒社会与阶级秩序，乃是卑微者的救恩，赛 54:1, 诗 113:7–9。

2:5　荒胎，`aqarah，先知或义人妻不孕，受人奚落多年，最终蒙福得子，是经书里反复出现的一个母题。以色列三代女祖，亚伯拉罕妻莎拉、以撒妻利百加、雅各妻拉结，都经历了此难；类似汉娜的，还有力士参孙和施洗约翰的母亲，士13:2–5，路1:5以下（参《以赛亚之歌·夺福》）。

七胎：极言家庭完满，非指汉娜自己；她育有四子二女，2:21。

2:6 赐生命：打开子宫，结胎生产；当时尚无死者复活的观念。

阴府：即阴间，亡灵的归宿，申32:22注（《摩西之歌》）；兼喻伤病灾殃、奄奄一息的状态，诗88:3–7。

2:8 地柱，mezuqe 'erez，古人以为地下有柱，立于深渊，是造主打下，用来支撑世界的，诗24:2, 75:3，伯9:6, 38:6。

2:9 沉寂，yiddammu，犹言毁亡，赛15:1，耶8:14。

2:10 地极到地极：犹言天下万物，赛40:28。审判：上帝乃是"整个世界的审判者"，一如圣祖所言，创18:25。

他的王：史误。扫罗称王，以色列众支族拥立君主制，是撒母耳上了年纪，遇到扫罗以后的事情，8:1以下。

纳丹和大卫
《撒母耳记下》12:1–15

扫罗在以色列称王，由耶和华的先知撒母耳膏立；其女婿和继位者大卫，dawid，也是撒母耳接了神谕，去伯利恒寻到而膏立的，撒上 10:1, 16:13。然而，上帝对扫罗并不满意，因为亚玛力之役，受膏者未严格执行禁绝之咒，herem，即没有把敌方的人畜就地杀光了"归圣"。上帝说：真后悔，nihamti，立了扫罗为王，撒上 15:11, 35（参《信与忘·约伯福音》）。大卫呢，登基以后也没少冒犯至尊，他的最大一桩罪行，是这样的：

一天，将近黄昏，大卫午休起来，登上王宫的平顶散步。瞅见一女子在家沐浴，十分美貌。派人打听，原来是军中一个勇士赫提人耶光的妻子，名叫誓女，bath-sheba`，丈夫出征去了。大卫便将她接来相认。恰好她月事刚过，洁净了身子，从宫中回去不久，给受膏的王捎话：有身孕了。

大卫便传旨前线的岳牙将军，yo'ab，要见耶光，'uriyah。耶光返来耶路撒冷，汇报了战况，国王道：你可回家去，把脚洗洗（双关，暗示同房）。赫提人却没有回家，在守宫门的卫兵那儿歇了一夜。大卫得知，就召他问话。耶光答：约柜同全军将士都宿营在外，我怎好一个人在家团圆，跟老婆吃喝睡觉呢？意谓圣战期间，战士应戒房事，乃祖宗摩西之法，申 23:10–11，撒上 21:6。国王遂为他设宴，拿酒灌他。可是天黑以后,那醉醺醺的勇士仍去躺在了卫兵铺上。

早晨,大卫给赫提人一封信,命他交与岳牙将军。信里说:哪里有恶战,可派耶光上前;然后丢下他,撒退,叫他阵亡。岳牙便下令攻城,挑最险处派给耶光。敌军反扑,一场激战,耶光牺牲了,撒下 11:1–17。

不用说,一俟耶光妻举哀七日期满,创 50:10,撒上 31:13,国王就将她接进了后宫——受膏者犯了通奸又犯谋杀,手段如此卑劣,天父能不愤怒?于是特遣先知,申斥大卫,以讽喻和预言定了"永约之子"的罪。

耶和华 [不悦],遣先知纳丹去见大卫,一到那儿,就说:

两个人同住一城,一富一穷。
[2] 那富人牛羊成群;
[3] 那穷人却一无所有
  除了一只母羊羔,他买来
  养在身边,跟孩子们一起长大——
  同吃一口食,同喝一只杯
  睡在怀里宛如亲闺女儿。
[4] [一天] 有旅人来富人家投宿:
  他却舍不得拿自家牛羊
  招待来客,就偷了

那穷人的羊羔
用它招待了客人。

⁵大卫勃然大怒，竟有这种人！他对纳丹说：一如耶和华永生，干这事的该杀！⁶这么干，毫无怜悯之心，叫他赔还羊羔，赔四倍！⁷纳丹回答：这种人就是你呀！此乃耶和华以色列的上帝之言：

是我替你膏油，立你为以色列王
我把你从扫罗掌下救出，
⁸还赐下你主人的后宫
将主人的嫔妃交在你怀里
连同以色列与犹大的家——
嫌少吗？这样那样
我给你加上！
⁹为什么，你蔑视耶和华的旨意
尽做他眼中的恶事？
你借刀害死赫提人耶光
霸占了他的女人——
借亚扪子孙的刀杀夫。
¹⁰行，以后你自己家也躲不过刀剑！
就因为你侮蔑了我
把赫提人耶光的妻霸占。

¹¹ 如此，耶和华有言：
  看哪，我要你后宫也起灾殃
  嫔妃也交给旁人，让你眼睁睁看着
  光天化日下，那人睡你的女人！
¹² 这事你暗地里干，我却要做给
  全以色列看，让他们在日头下看！

¹³ 大卫向纳丹道：我对耶和华犯了罪了。纳丹回答：耶和华么，他已经放过你的罪，你死不了。¹⁴ 但这事大大冒犯了耶和华，所以［耶光妻］给你生的那孩儿必死！
¹⁵ 言毕，纳丹回家去了。

注释

12:1　纳丹，nathan，大卫朝最重要的先知。经书不言其籍贯家谱，甫一出场，即向国王启示，耶和华要与大卫立"永约"，"我必为其父，他必为吾子"，慈爱决不收回，亦即恩许大卫王室永续，王权永存，宝座永固，撒下 7:14–16，诗 2:7，89:27–37。这大卫永约，便是后世层出不穷的受膏者/弥赛亚/基督运动的思想源头和信条依据，路 1:32–33，徒 2:30。

12:3　闺女，bath，影射受膏的王霸占下属的女人，谐音誓女，bath-sheba`，11:14 以下。

12:5　一如耶和华永生：立誓语。大卫不知，他判了自己"该杀"之罪。

12:6	羊羔，赔四倍：摩西之律的规定，出 21:37，路 19:8。
12:7	膏油，立王：先是私下宣布，圣灵激励，藉先知撒母耳之手，撒上 16:13；之后在希伯伦，由犹大的首领跟以色列众长老分别行膏礼，撒下 2:4, 5:3。
12:8	主人，adon，指扫罗，大卫的岳父。后宫，直译：家。
12:10	自己家也躲不过刀剑：侮蔑至尊，违犯圣法，受同态报复，lex talionis：以命抵命，以眼还眼，以牙还牙，出 21:23–25。后来大卫的长子、三子和四子均死于宫廷谋杀。
12:11	旁人/那人：指大卫第三子押沙龙，'abshalom，"我父平安"。押沙龙造反称王，占领圣城后，用谋臣计，在王宫屋顶支起帐篷，与父亲留下的十个嫔妃同床。以此向百姓宣示，王位已归新王，必须效忠，16:22。
12:14	冒犯了耶和华，从死海古卷及七十士本。原文加"仇敌"二字，是反义避讳：冒犯了耶和华的仇敌。大卫得以留命，是因为上帝同他已订了永约。但他的死罪并无赦免，要由誓女诞下的他的儿子抵命，12:18。

寂静之声

《列王纪上》19:1–18

大卫王与上帝的"永约"没能长久，撒下 12:1 注（《纳丹和大卫》）。儿子所罗门，shelomoh，继位，大兴土木，建耶和华的圣殿，却忘了圣法的教导。不仅"聚敛金银，贪图财富"，"添购骏马""广置嫔妃"，申 17:15–17，传 2:4–8；更有甚者，就在圣城东面，给外族嫔妃和客商修异教神龛，烧香拜祭，王上 10:14 以下。于是天父转过脸去，遣一位先知，找到掌管"约瑟家一切劳役"的大臣增民，yarob`am，将身上的新方袍撕成十二条，道：以色列的上帝说了，要把所罗门手里的王国撕了，分你十个支族！王上 11:28–31。

后来，所罗门之子宽民登基，拥戴"约瑟家"的十支族请求减免徭役，宽民不许。十支族怨极，推举增民为以色列（北国）的王，对抗耶路撒冷（南国犹大）。子民分家，圣书归罪于犹大王宽民，rehab`am："宽于蠢，短于智"，竟撕裂了救主恩许大卫的"永业"，德 47:23。

从此，北国另建圣所，自立祭司，跟耶路撒冷的圣殿分庭抗礼。这是公元前 931 年前后的事。

圣史记载，以色列诸王的罪孽，在上帝眼里，一点也不比犹大王少。尤其是牙哈王，'ah'ab（前 874—前 853 在位），他同滨海腓尼人的王结盟，娶公主夷色贝为后。夷色贝，'izebel，拜大神巴力，极狂热，在宫中养了四百五十个异教先知。牙哈却一味纵容；上行下效，蔚成风气,耶和华的先知就失势了,被王后杀掉不少,王上 18:4。

这时,约旦河东出了一位"上帝之人"以利亚,'eliyahu,走在溪谷里,乱篷篷的发须,胯上系一根皮腰布,每日有乌鸦给他送食,王上 17:6,王下 1:8,太 3:4。正值耶和华降罚,连年大旱,民不聊生。他便披上大袍,过河来谴责国王,并提出与宫廷先知斗法,上果园山,karmel,向各自的神祈雨。牙哈遂召集群臣百姓,浩浩荡荡来到山上,设了祭坛,备好牺牲。巴力是掌雷雨的大神,可他的仆人跳神割肤招数用尽,仍不奏效。轮到以利亚,一句祈祷,"亚伯拉罕、以撒和以色列的上帝",突然,天上落下"耶和华的火"(喻雷电),把烧献的公牛犊吞了。以利亚乘机鼓动民众,把那些法术失灵的"假先知"绑了,推到基顺河边,四百五十个一举斩尽(《宽宽信箱》,页61)。

返回山顶,以利亚又跪倒在地,把脸放在膝间,命仆人向大海眺望。如此反复,作法七次。第七次,仆人报告,海上升起一朵巴掌大的乌云——耶和华的雨,来了!王上 18:20 以下。

当然,上帝之人心里明白,王后的报复也不远了。

牙哈把以利亚的事迹,如何刀斩[大神巴力的]众先知,都告诉了夷色贝。² 夷色贝就派使臣找到以利亚,说:明日此时,我若是不取你的命抵那些人的一条命,愿诸神发威,重重罚我!

³ 以利亚怕了,急起身逃命。至犹大的誓约井,将仆人留下,⁴ 独自进了荒野。走了一天,来到一棵杜松下,坐倒了求死,说:耶和华啊,我受够了!这条命你拿去吧,我就是不如祖宗! ⁵ 他

躺在那杜松下,昏昏欲睡,忽有一个天使拍了他一下,说:起来,吃吧。[6]他一看,啊,头旁一块红炭烤熟的圆饼,还有一罐水!吃完,他依旧躺下。[7]但耶和华的使者又来拍他,说:起来,吃吧,路还远着呢。[8]他就起来吃了;靠那饮食之力,走了四十昼夜,抵达何烈山即上帝之山。[9]在那儿他找了个山洞,入内过夜。

忽地,耶和华之言降临,问他:
你在这儿做什么,以利亚?
[10] 答:为了耶和华万军之上帝
我不容不忠!
只因以色列子孙背弃你的约
拆毁你的祭坛
举剑杀了你的先知。
只剩我一个
他们还在搜寻,要我的命!

[11] 你出来,[那声音]道,站山上来
到耶和华面前来!
听哪,是耶和华走过——
狂风大作山崩石裂,就在耶和华面前——
耶和华
却不在风里。
风歇,地震——
耶和华

也不在地震。

¹² 震完，大火——

耶和华

也不在火中。

火去，微微有寂静之声——

¹³ 以利亚一听，忙取大袍蒙了脸

出来立于洞口。啊，一个声音问他：

你在这儿做什么，以利亚？

¹⁴ 答：为了耶和华万军之上帝

我不容不忠！

只因以色列子孙背弃你的约

拆毁你的祭坛

举剑杀了你的先知。

只剩我一个

他们还在搜寻，要我的命！

¹⁵ 去吧，耶和华道，你原路走荒野回大马士革。到了那儿，就替哈匣列膏油，称亚兰王；¹⁶ 然后膏宁西之子耶胡，称以色列王；并膏舞甸人夏法之子以利沙，立为先知，让他跟随你。¹⁷ 将来，那躲过哈匣列之剑的，必为耶胡所杀；那躲过耶胡之剑的，必为以利沙所杀。¹⁸ 而我给自己在以色列仅留七千，全是双膝不曾向巴力弯曲，嘴唇也未与他亲吻的。

注释

19:2 　诸神发威，重重罚我：原文无"我"，从诸抄本及 20:10 补。常用咒誓语，得 1:17，撒上 3:17。

19:3 　怕了，wayyira'，校读从诸抄本及七十士本。原文：一看，wayyar'。誓约井，be'er sheba`，又名七羊井，位于犹大南部，入南地往埃及的路上，创 21:14, 31。

19:4 　一棵杜松下，坐倒了求死：回放夏甲母子的故事，创 21:14 以下。不如祖宗：表达对上帝的不满，拿 4:3；婉言 / 反言天父未能守信施救，背弃了同以色列先祖立的约。

19:6 　圆饼，`ugah，无酵，烤熟，创 18:6，出 12:39。联想以色列出埃及，荒野里天降吗哪，子民采集了磨粉做饼的故事，民 11:8。

19:8 　饮食之力：显然，天使曾多次送食，支持先知。四十昼夜：象征历程之艰巨、伟大、神圣：摩西领受圣法，登"上帝之山"入祥云四十昼夜；耶稣由圣灵引导 / 驱赶，入荒野受恶魔诱惑，不吃不喝，亦四十昼夜，出 24:18，太 4:1–2。

　　　何烈山，horeb，耶和华向摩西显现处，在西奈荒野，出 3:1, 19:2, 24:15 以下。

19:9 　山洞，hamme`arah，或作（因有定冠词）那个山洞。联想摩西藏身石缝 / 山洞，望上帝背影而聆受圣名，出 33:22 以下。

19:10 　不容不忠，qinno' qinne'thi，圣法反复强调，义人必具的品德，只因以色列的唯一神容不得不忠，出 20:5，民 25:11，申 5:9。

19:12 　微微有寂静之声，qol demamah daqah，一反耶和华在西奈山颁布圣法时，黑烟滚滚、大地震颤、雷电轰鸣的景象，出 19:19；圣言入耳，私下训示，启迪人的良知与信念，可以是极细微的呢喃，伯

4:16。而果园山斗法，天火吞燔祭，是希伯来《圣经》中，上帝的最后一回当众降示神迹（傅利门，页 23）。

19:13–14 大袍蒙了脸：避免见着圣容而丧命，创 32:31，出 33:20。

一个声音问他：此二节问答重复前阕，9–10 节。神迹过后，惊魂未定，再问一遍，极具修辞的力量。

19:15 哈匝列，haza'el，本是亚兰王的近臣，受"上帝之人"以利沙预言的点拨或刺激，弑君篡位，王下 8:7–15。执政四十余年（约前 844—前 800），多次抗击亚述，屡败以色列并南侵犹大，国势强盛，版图扩张。

19:16 耶胡，yehu，牙哈之子约兰王的将军，以利沙遣门徒为他膏首之后，谋反称以色列王（约前 843—前 816 在位）。杀约兰、太后夷色贝，及牙哈王所有后裔，毁巴力神庙，灭其先知与教徒。但国力日衰，不敌亚兰王哈匝列，约旦河东的领土尽失，王下 9–10。

以利沙，'elisha`，以利亚的门徒和接班人，王上 19:19–21。上帝交代以利亚的两桩使命，为亚兰、以色列膏立篡位的王，将由他的门徒来实现。

19:18 七千：坚守"耶和华之道"的"残存者"，士 5:13(《黛波拉之歌》)，又名余数、圣者，赛 4:3，罗 11:4–5。七，象征完满，是圣数。

二〇一六年八月

卷三　先知书

锡安山
《以赛亚书》2:2–5

先知，nabi'，即人神间的中介或中保，负责预言、替人祷告并训诲子民，又名视者，ro'eh，获异象者，hozeh，上帝之人，'ish 'elohim。

跟家族垄断的祭司职位不同，先知是不论出身的，可从任何阶层及女性中擢立：在人世给至高者的旨意做一个"征兆"，用蒙召者的言行，甚至生命，见证圣言。历史上，以色列不乏女先知：摩西的姐姐米莲，耶和华的"全胜"由她领头歌颂，出 15:20 (《凯旋之歌》)；海枣树下的黛波拉，deborah，又审案又领军，享"以色列的母亲"之美誉，士 5:7 (《黛波拉之歌》)。

早期的上帝之人，类似别处的神汉巫婆，百姓可请他祈祷求雨、医病、寻回遗失的牛羊。也有游走四方，单干或结门派的。后来扫罗称王，建君主制，重大决策如兴兵、立嗣，往往请视者探求神意，先知便卷入了宫廷政治。遂有以利亚挑战大神巴力的四百五十先知，反对牙哈王同王后夷色贝纵容异教的斗争，王下 18–21 章 (《寂静之声》)。

公元前八世纪起，先知的"工作方式"发生变化，常上圣殿和街市布道，向百姓谈论国事、批评这个谴责那个，俨如"公共知识分子"。其言说经门人辑录整理，流传开去，便是先知书的文献来源。这一时期影响最大、思想最深刻的一位先知，就是耶路撒冷的以赛亚，

yesha`yahu("耶和华拯救")。

相传以赛亚的父亲阿摩,'amoz,是犹大王乌齐亚的叔叔。乌齐亚在位五十二年,强军拓疆,国力鼎盛。先知曾撰史,著录国王的文治武功,代下26:22,可惜散佚了。他蒙召那年,乌齐亚晏驾(约前742/733);从此领受异象,历经犹大四朝(乌齐亚、约坦、琊哈、希士迦),传道四十余年,至公元前七世纪初,赛1:1, 6:1。犹太传统(后圣经文献),称其殉道在希士迦之子玛纳西(前698/687—前642在位)治下。史载玛纳西拜异教神,献童子祭,亵渎圣殿,是个无恶不作的暴君;终于招致圣怒,种下了国家毁亡的祸根,王下21:3, 24:3-4。

《以赛亚书》的文字,雄浑悠远,适于咏诵。细读,则语汇句式思想立场均前后不一,所涉人事一直延续到先知身后(如圣城倾圮、犹大蒙难、波斯灭巴比伦、居鲁士释囚等),长达两个多世纪。历史地看,许多片断不可能出自先知之口,当属后人编写,托名传世。因之现代译本一般分作三篇,即"预言集"(1–39章)、"安慰书"(40–55章)与"万民的殿"(56–66章),而仅把上篇的一部分归于以赛亚。其余的章节,凡内容分歧风格迥异,可考证的人事年代较晚的,就视为弟子或再传弟子的作品(以上引自《以赛亚之歌》)。

"预言集"以谴责子民背叛开始,终于希士迦王重病,奄奄一息,请以赛亚祈祷延寿。先知求得康复的征兆;不久,却又发出了凶信:"看哪,日子快到了,宫中所有,祖宗库藏""都要掳往巴比伦",而国君"亲生的儿子""将来的后裔,必有被抓去,收在巴比伦王宫当太监的",39:6–7。基调是悲哀而沉痛的。因为以色列"大面积"腐败了,"既不为孤儿伸冤/也不替寡妇主持公道",乃至蔑视至圣,"朝他背转了身子",1:4, 23。

尽管如此,那必来的屠杀和覆亡,即上帝的惩罚过后,"雅各家"的"余数"仍将回返锡安,"藉耶和华的光明",偕同万民而前行——这一异象的启示,就是第二章开头,脍炙人口的圣者之应许:万族皈依,世界大同。

阿摩之子以赛亚所见之言,关乎犹大与耶路撒冷,如下:

² 待到最后的日子,
  耶和华的圣殿之山
  定将耸立于群峰之上,百岭之巅。
  于是列族汇聚,³ 万民向前,说:
  来呀!
  让我们登上耶和华的山
  去到雅各上帝的殿宇,
  求他指示正道,教我们走他的路。
  因为圣法必出于锡安
  耶京,出耶和华之言。

⁴ 他将在族与族之间裁判
  在万民中明断是非。
  而人要把剑打成犁头
  变长矛为修枝的钩。

一族不必向另一族举剑

再也不用学习争战。

⁵哦,雅各家,来呀

藉耶和华的光明,我们前行。

注释

2:1 所见之言,haddabar 'asher hazah,此处指异象,或所启示之圣言,赛 1:1。犹大与耶路撒冷:提喻子民,上帝"独有的产业",申 32:9(《摩西之歌》)。

此阕与下阕《弥迦书》4:1–3 重复,通说是取自《以赛亚书》,但也可能两者同源,分别借用。米迦,mikah,来自犹大中部农村,蒙召略晚于以赛亚。他既谴责(南国)"雅各的忤逆",也控诉(北国)"以色列家的罪愆",是第一个预言圣城将沦为废墟的先知,弥 1:5, 3:12(何歇尔,页 124)。

2:2 最后的日子:暗示历史之必然。耸立于群山之上:象征普世救恩,圣殿迎来万民,赛 56:7。

2:3 圣法,torah,本义教导,复指圣言。锡安,ziyon,即耶路撒冷,特指圣殿山,出 15:17 注。耶京:简称耶路撒冷。

2:4 他:耶和华将亲自审判,不用君主、祭司或先知中介,直接统治,9:6。

修枝的钩,mazmeroth,木柄小刀带钩,修剪葡萄枝用,18:5。不必举剑/争战：一幅万族皈依、世界大同的图景，11:6–9。

2:5　　雅各家：此处统称以色列子民。

嫩枝

《以赛亚书》11:1–9

　　此诗也是家喻户晓的圣书名篇。对照上一首《锡安山》所述大同世界的异象，则可发现，先知强调了两点。一是圣言应许的普世拯救，将系于"耶西的树桩"生发"嫩枝"或"新芽"，即大卫王的一位后裔，赛 11:1。这是以色列先知传统中，受膏者／弥赛亚思想脱离君王、大祭司和先知的膏礼，转向末日救赎的重要一步。第二，那最后的解放，新人新兽与新天地的诞生，取决于人们"对耶和华的认知"充盈大地，11:9。

　　"充盈"二字，mal'ah，却是极高的理想。因为，仅有一位大卫后裔身上"憩息"圣灵，无论他多么伟大，是谈不上充盈大地的。那化作圣言而启示的理想，便不应是某个英雄或拯救者的等待；相反，惟有如摩西所说，必须"耶和华的子民都变成先知，人人承接耶和华的灵"，民 11:29，才有实现的可能。

　　理解了上述两层意思，我们就不难看到，这人人受膏而救世的"灵馨"，跟西方历史上的种种进步思潮、社会改造和革命运动，包括共产主义理想的渊源关系。

　　至于成诗的年代，学界众说纷纭。有归于先知本人的，也有主张晚一个世纪的，如犹大王约西亚（前 640—前 609 在位）时期，还有推至圣城倾覆（前 587/586）之后的——子民对大卫后裔称弥赛亚的强烈期盼,先知关于灵恩膏立"浇注子实"的论说,44:3, 61:1,都是巴比伦之囚后期开始兴盛的思潮,耶 23:5,结 37:24–28。但有一点可以肯定,"预言集"的这一片断,不是中篇"安慰书"作者的手笔。后者习称"第二以赛亚",传道于子民入囚巴比伦以后。这位"后先知"寄望的不在大卫王室的复兴,而是"日出之地"波斯的"一个宏图之人",消灭巴比伦并敕命释囚的居鲁士大帝——那耶和华亲选、"握住他的右手"的弥赛亚,45:1, 46:11。

> 由耶西的树桩,要发一嫩枝
> 从他的根子要抽出新芽。
>
> ^{2} 他身上要憩息耶和华的灵:
>   智慧与悟性之灵
>   谋略和勇力之灵
>   认知并敬畏耶和华之灵——
>
> ^{3} 他的灵馨,在敬畏耶和华。
>   审案他不是凭两眼所见
>   判决也不仅靠耳闻。
>
> ^{4} 弱小的,他审之以公义
>   卑微于世的,必判以正直。
>   他口衔棍杖,痛击大地
>   启唇呼气,他专杀恶人——
>
> ^{5} 公义,乃他的腰带

他胯上束的是忠信。

⁶ 而后,野狼要与羊羔共处

豹子和小山羊同宿,

牛犊小狮要跟肥畜合群

由一个牧童带领。

⁷ 母牛母熊要一起放养

幼仔一块儿安卧,

而狮子如牛,嚼着干草

⁸ 乳儿在蝰蛇的洞口嬉玩

断奶的要伸手探虺虫窝。

⁹ 在我的整座圣山之上

再无作恶,无伤亡;

因为大地要充盈对耶和华的认知

一如洪流覆盖海洋。

注释

11:1　耶西,yishay,大卫王之父,撒上 16。新芽,nezer,喻受膏者/弥赛亚(七十士本:christos,基督),大卫后裔,耶 23:5,亚 3:8。

11:2　憩息,nahah,暗示蒙灵恩受擢拔,民 11:25。智慧与悟性,如所罗门;谋略和勇力,如大卫王;认知并敬畏,如摩西与众先知,箴 2:5。以上六项品德(视为圣灵的赐予),加上虔诚(七十士本:

eusebeias），基督教称为圣灵七礼。

11:3 灵馨，riah，闻香，喻灵中欣悦。

11:4 审之以公义/正直: 圣灵激励，变司法为伦理建设，而非机械（故而常常不义）的法条适用，民 11:17, 士 3:10。

大地，'erez，校读如犹太社本注: 暴君，`ariz，启 19:15。

启唇呼气，他专杀恶人: "最后的日子"到来，2:2, 帖后 2:8, 启 19:15，上帝将向一切肉身倾注圣灵，凡呼唤耶和华的名的，都要得救恩，玛 3:1–5, 徒 2:17–21。

11:5 忠信，'emunah，子民称义之本，以圣祖为典范，创 15:6, 迦 3:6–7。

11:6 野狼要与羊羔共处: 造主废除对蛇的诅咒，并挪亚父子的彩虹之约: 人与动物不再为敌，结束流血，创 3:15, 9:1–6，恢复创世之初（版本一）的和平景象，赛 2:4, 9:4。

跟肥畜合群，另读如死海古卷与七十士本: 要一同饲养。

11:7 狮子嚼着干草: 黄金时代重现，人兽皆"脱胎换骨"成新人新兽，无肉食者，创 1:30。

11:8 虺虫，ziph`oni，大毒蛇、传说中的蛇怪。

11:9 圣山: 统称福地，65:25, 诗 78:54。认知，de`ah，尤指懂得敬畏上帝，箴 2:5, 9:10。

忠仆之歌
《以赛亚书》53:2–9

《以赛亚书》中篇"安慰书",有四首忠仆之歌,布局精巧,回旋照应,是理解、探讨"第二以赛亚"思想的关键。第一首在四十二章,写上帝对忠仆的褒扬:"看,我这仆人——我扶持、拣选而心里悦纳之人"。他虽有耶和华搀扶,是"拣来/给众人为约,做万族的光"的,行事却十分谨慎:"压伤的芦苇,他不折断/将灭的灯芯,他不吹熄/只是将公道忠实传布",赛 42:1–9。

其二在四十九章,为忠仆自述:"耶和华召我时,我尚在子宫/未出母腹,便取了名字"。使命诚然艰巨,有时"拼尽全力,只换来一口嘘气",但他从不灰心。因他的报酬在雅各的救主:不仅要把流散的"以色列保住了/领回",更要将"耶和华的光明"带给万国,俾"救恩囊括地极",49:1–7。

其三在五十章,忠仆继续表白:"主耶和华赐了我受教的舌头/教我用言语将困乏的抚慰"。但宣道需要极大的耐心和勇气,因为除了敬畏者,他还须劝导"走在黑地里,不见光明"的芸芸,甚至面对残酷的迫害。"只把背对准打我的人,脸颊给那拔胡须的/没有掩面躲侮辱与啐唾",50:4–11。

第四首最长,是天父同子民的一场对话,52:13–53:12。起首,上帝预言,忠仆"必兴盛/必得高举,极受尊崇"。然而那胜利之日到来之前,他已经"形容枯槁,不成人样/残躯已不似人子"。接着,便是本书节选的三阕,子民讲述"一个疾苦人"的牺牲,如何替众人承担咎责。而他最大的痛苦,还不是"因我们忤逆才被刺穿/因我们罹罪而被碾碎",而是族人的误解、冷漠,"藏脸不理",以为"他遭打击/是上帝出手,将他折磨"。

结尾,耶和华回应,再一次允诺救赎。"待劫难过后,他的灵必见光明而满足","众人要因我的义仆/而称义",53:11。可是那"囊括地极"的救恩,人们都晓得,已经无限延宕了。而且,关于疾苦人的现实是,"我们说与人听的,有谁肯信?耶和华的巨臂,曾向谁显露"?53:1(详阅《以赛亚之歌》)。

²如嫩芽生发在[上帝]面前
　又如根子扎进旱土,
　他本无光彩照人的美颜
　不具仪容,让我们爱慕。
³受尽侮蔑,被人遗弃
　一个疾苦人,他认得病痛;
　但就像一个大家藏脸不理的
　他侮蔑受尽,我们没尊重。

⁴而他,承受的是我们的病痛
　背走的是我们的疾苦,

可我们竟以为，他遭打击
是上帝出手，将他折磨。
⁵不，他是因我们忤逆才被刺穿
因我们罹罪而被碾碎；
是为我们复元而身负惩戒
道道鞭痕，俾我们愈痊——
⁶一个个仿佛羊儿迷途
各找各的路；
耶和华却把众人的咎责
归了他一人。

⁷啊，如此折磨贬损了
也不开口！像羔羊牵去屠宰
又像母羊面对剪毛人
沉默：他不开口。
⁸囹圄之中，不容他申辩。
谁会思念他的一世，
当他从生者之地被割弃
因我子民的忤逆，遭击杀；
⁹当他跟恶人葬在了一处
坟头挨着财主，
尽管他一向远离暴力
口里断无诡计？

注释

53:2　嫩芽 / 根子: 形容忠仆, 真信仰生于苦难, 赛 41:18。

53:3　遗弃, hadal, 另作 (视为) 卑贱之极。仿佛患癞病, 被会众和家人隔离、孤立, 伯 19:13–19。藏脸不理: 暗示上帝藏脸降罪, 8:17, 45:15。

53:4　病痛, holi, 古人以为病因罪生, 申 7:15。忠仆之所以受尽侮蔑, "残躯已不似人子", 52:14, 作者告诉我们, 乃是在替众人赎罪, 如羔羊献作牺牲, 背走"我们的病痛"与"疾苦", 利 16。福音书引此句指耶稣, 太 8:17 注。

上帝出手, 将他折磨, 直译: 被上帝打而贬损 / 受苦。

53:5　刺穿 / 碾碎 / 鞭痕: 参较福音书里耶稣上十字架受难的描写, 及保罗的诠释, 罗 4:25, 林后 5:21, 迦 3:13。

53:6　羊儿迷途: 族人为领袖所误导, 3:12, 9:15; 彼前 2:24–25。

53:7　贬损了, na`aneh, 或如犹太社本:(如此折磨) 他仍顺服。沉默 / 不开口: 羔羊 / 母羊不会开口, 但是忠仆为何也不申辩, 像约伯和耶利米那样大声抗议、哀鸣? 耶 12:1–6 (《为什么恶人的路》)。他想表白什么, 见证什么? 太 26:63, 27:14, 徒 8:32–33。

53:8　囹圄之中, 不容他申辩, 直译: 从监禁, 从审判 / 申辩他被夺。忠仆如待宰的羔羊, 不享有抗辩之权。

一世, doro, 圈、世代、人生; 另作住所, 38:12。生者之地: 犹言今世。我子民, 死海古卷: 他子民。

53:9　坟头, bomatho, 从死海古卷。原文: 他死后, bemothaw。

财主, `ashir, 校读: 造孽的, `ose ra`。财 / 恶 / 孽互训, 是圣书的传统, 诗 37:16, 73:12, 箴 11:7, 28:20 注。而忠仆的牺牲, 是包括

"跟恶人葬在一处"的,当他"向死亡倾泼自己的灵,被归于忤逆之列",53:12,路22:37,来9:28。后世教会解经,称之为"预象",typos,即圣史兆示耶稣受难,入葬"亚利马泰城的富人"约瑟的墓窟,太27:57–60。

大审判
《以赛亚书》66:1–16

《以赛亚书》下篇（56–66章），拙译题为"万民的殿"，风格内容同中篇明显有别，多是居鲁士大帝释囚（前538），子民回返福地以后的作品。作者旧称"第三以赛亚"，但实际上不可能是一人；毋宁说，下篇是"以赛亚传统"后期多位先知（包括"第二以赛亚"的弟子）的思想文字的汇编。

此处节选的是全书末章的两个片断。片断一，赛66:1–4，上帝"废圣殿"的宣言，大约是圣者对子民重建耶路撒冷圣殿并为之祝圣（前516）的反思与批判。显然，作者担心，形式主义、教条主义的祭礼会催生贵族祭司集团的腐败，且愈演愈烈，让以色列重走"歧路"，招致天怒。所以他主张，回归祖宗的"穷人宗教"，务使贫苦人，或"灵受了打击""因圣言而颤栗"的，全体蒙恩，迎来"耶和华之日"，2:12, 13:6，番2:3。

片断二的背景不同，圣殿未废，仍是圣居，66:5以下。而且很快，圣言启示，"耶和华的雷霆"就要从那儿响起，"向仇敌施报应"。然后，救主将在烈火中降临，"挥剑，审判一切肉身"，66:6, 16。这是一篇翘盼末日、预言新天新地、洋溢着革命的天启主义（apocalypticism）理想的檄文。意象瑰丽，气势磅礴，后世犹太教和基督教的末日想象及论说（包括旁经、伪经与后圣经文献），无不受其影响。

此乃耶和华之言:
诸天放我的宝座,大地做我的脚凳
那么何处你们能建我的殿
哪里,可供我安息?
² 万物皆出于我手,
故而万物归我——耶和华宣谕——
但我要垂顾的是这人:
他贫苦,灵受了打击
他因圣言而颤栗。

³ 那宰公牛的,杀没杀人?
献上羔羊,又打断狗的颈子?
那备素祭的,可供了猪血?
焚完乳香,再拜孽偶?
既然这些人都选了歧路
把灵的喜悦寄予种种秽物,
⁴ 我也要选他们来愚弄
叫他们最怕的临头!
因为我召唤,无人应答
我讲话,无人肯听;
尽干些我眼中的恶事
专拣我不喜欢的去行。

⁵ 请听,耶和华的话,

因圣言而颤栗的人!
你们兄弟,那些仇视你们
奉我的名驱逐你们的
说过:愿耶和华显荣耀
让我们看看,你们多幸福!
——然而,蒙羞的定是他们。

⁶ 听,城里阵阵喧嚷
 似雷声,起于圣殿!
 啊,那是耶和华的雷霆,
 他在向仇敌施报应!

⁷ 她没等临盆,即已生产
 不及阵痛,便诞了一个男孩。
⁸ 这等事,可曾有谁听说
 谁见过如此种种?
 一国,岂能一天娩出
 一族人一次生完?
 然而锡安刚一临蓐,就产下了
 她的儿女。
　　　　⁹ 开胎在我,我岂能不生?
耶和华有言。
　　　　　　生育在我,我岂能闭宫?
你的上帝所言。

卷三 先知书 99

¹⁰ 欢庆吧，与耶路撒冷同乐
所有爱着她的人！
忻喜呀，一同喜庆
所有曾为她哀伤的人——
¹¹ 而你们，就可以吃饱她的奶
她的安慰，
可以美美地吮吸
她荣耀之乳头。

¹² 因为，此乃耶和华之言：
看哪，我要赐她平安如长河蜿蜒
并列国的财宝如山溪泛滥。
而你们就有奶吃，被抱在胸口
在膝上逗弄。
¹³ 好比孩子要母亲抚慰
我必给你们慰辑，
入耶路撒冷你们得安慰。
¹⁴ 而你们见了，必喜上心头
身子骨如草木葳蕤。
是耶和华要人知道，他巨手
与仆人同在，而圣怒
已对准仇雠。

¹⁵ 因为，看哪，耶和华在火中降临

他战车好似旋风，

他用烈火发泄怒气

炽焰熊熊，是他在呵斥。

[16] 是的，耶和华要降大火

要挥剑，审判一切肉身；

他，必杀无数——

耶和华！

注释

66:1　何处你们能建我的殿：圣殿祭礼已蜕变为走形式，而非发自内心的敬拜，故耶和华贬斥，太5:34，徒7:47以下；并预言/重申上帝出离，废亲选的圣所与立名之处，申12:5, 11。

66:2　归我，从七十士本。原文：乃成。（因圣言而）颤栗，hared，形容虔敬。

66:3　杀没杀人，或作：不啻杀人。指童子祭，赛57:5。打断狗的颈子/供了猪血：猪狗按律法属秽物，利11:27注。

拜孽偶：谴责子民调和信仰，未能抵制异教，65:3–5。把灵的喜悦寄予种种秽物：蔑称迦南祭礼。

66:4　愚弄，betha`alulehem，另作责罚，无定解。译文从七十士本。以上二阕说"废圣殿"；以下为另一片断，写"大审判"。

66:5　奉我的名驱逐你们：从此，兄弟与族人间的冲突迫害，皆奉上帝之名，约 16:2。

蒙羞，yeboshu，仇敌不仅必败亡，被定罪，还要同"耶和华的祭司""上帝的侍从"即子民的"余数"调换位置，以受辱蒙羞为"产业"，1:29，61:7。

66:6　似雷声，起于圣殿：仿佛锡安山上圣殿还在，仍是至高者的居处——没有被巴比伦侵略者焚毁，抑或已经重建，号称新耶路撒冷？雷霆，qol，上帝的话音，30:30，出 19:19。

66:7　她：指圣城，新耶路撒冷，下文 10 节。不及阵痛／诞一个男孩：喻新天地降临之神秘、突然。启 12:5。男孩，zakar，联想并对比夏娃生子的自豪："同耶和华一起，我造了个男人"，创 4:1，约 16:21。

66:9　开胎／闭宫：万事皆造主的宏图规划，新天新地正在迫近。

66:11　吃饱她的奶：忠信者获救，视若婴儿吮吸，得安慰。乳头，ziz，另如钦定本：丰盈。

66:12　（列国的）财宝，kebod，兼指荣耀。想象万民皈依，汇聚圣城。胸口，zad，侧面，转指肋、胯，60:4。

66:13　孩子，直译：人。要母亲抚慰：天父以人母自况，49:15。抚慰／慰辑／安慰，naham，同一动词句尾重复三遍，以示郑重。

66:14　骨，`azmothekem，喻生命。

66:15　战车／烈火：传统意象，耶和华本是战神，42:13，出 15:3 注（《凯旋之歌》）。

66:16　审判一切肉身：耶和华之日，火与剑的审判，意谓不饶恕。肉身，basar，提喻人类，40:5，太 24:22。

为什么恶人的路
《耶利米书》12:1–6

耶利米，yirmeyahu，出身于耶路撒冷附近牙娜城的一个祭司家庭。他的蒙召，开始施教，是在约西亚王十三年（前627）。那一天，"耶和华之言"忽然降临："母腹中还未造你，我就认了你／没出子宫，就祝圣了你／立你做万族的先知"。他想推脱，说年少口拙，不能胜任。可是天父已经伸出手，点了他的口：好了，我把我的话放进你嘴里了。看，我今天派你出掌列族列国，去拔除，去拆毁，去兴建，去种植！耶1:4–10。

从此，世界大变。人们习以为常的一些主流观点、偏见和"陋习"，一些百姓每天抱怨，但依旧忍受着的社会不公，包括王公贵族和圣城祭司的腐败无能——原先耶利米自己也不太关心，熟视无睹的种种，现在一下都成了他揭露、谴责的对象。不啻耶和华将"一杯圣怒之酒"交到他手里，要他拿给族人去喝，"直喝到烂醉，呕吐"，在那"上帝召遣、砍向福地居民的利剑"下仆倒，再也爬不起来，25:15–29。

然而最让先知感困惑的，还是他"开眼"所见，子民外族不论，到处一样的好人受苦、恶棍享福。国王的宗教改革轰轰烈烈，圣殿的祭坛淌下鲜血，青烟弥漫，飘向天庭。可是"为什么，恶人不死／反而颐养天年，势力嚣张"？伯21:7。虽说圣法教导，一人负罪，必牵连会众，因而子民须承担一定的团体责任，但上帝降罚，动辄死伤无辜：这世界真是如造主所言，一切皆按神的意愿实现，"非常之好"么？创1:31。

终于，耶利米站到万军之主面前，宛如圣祖当年在所多玛的山上，向同行的救主提问、恳求、替人子申辩，创 18:22 以下——尽管他已有圣言应许，若是城里能找出一个"行公义、求忠信"的，耶和华愿意宽恕耶京，5:1。

公义在你，耶和华，我如何与你争讼？
但我还是要同你论理：
为什么，恶人的路条条顺达
越是欺诈的越安逸？
²你栽的他们，他们就生根
蔓延，是呀，还结了果子！
他们嘴上挨你好近
心里却离得远远。
³可是你认得我，耶和华，也了解我
考验过我对你的心意。
求你将他们拉出来，像待宰的羊
分开，待那受宰之日。

⁴还要多久，这大地哀伤，遍野草木枯黄？那鸟兽灭绝，是因

为居民邪恶,竟说:[上帝]看不见我们的归宿?

⁵ 要是你跟人跑步,都累得不行
又怎能与奔马比试?
太平地方,你才觉得安稳
那掉进约旦河岸的林子,怎么办?
⁶ 是呀,甚而你兄弟和你父亲的家
他们也把你欺骗!
还追着你嚷嚷没完——
再怎么巴结,漂亮话说尽
你也别信他们!

注释

12:1 　争讼,'arib,向上帝申诉、抗议,仿佛打一场官司,伯9:3, 13:17以下。

　　　恶人的路条条顺达:明显不合耶和华的公义。此为"好人受苦"命题在圣书里第一次提出,后经《约伯记》诗人的天才阐发,成为一神教语境下,构筑"神义论"(theodicy)的最具争议的一道难题。

12:2 　你栽的:恶果一如善果,也是上帝种植。

12:3 　认得/考验:反言上帝全知,应认得义人,而无须不停地考验,bahan,伯7:17–18。

12:4 大地，ha'arez，特指福地。哀伤：因居民的罪孽而受了神的诅咒，创 3:17, 4:12。

归宿，'aharithenu，七十士本：道路。

12:5 耶和华回复先知，用了两句成语。林子：古时候约旦河谷林木茂密，有狮子活动，不安全，耶 49:19。

12:6 兄弟和父亲的家：上帝告诫先知，邪恶无处不在，亲族亦不例外；但始终没有正面回答他的指控与质疑。

勾引

《耶利米书》20:7–18

人蒙召当了先知，照理说，是大好事。耶利米对此也有感人的回忆：你的话，我见到就品尝；你的话于我是喜悦，是心头的欢愉，只因我归了你名下，耶和华万军之上帝！耶 15:16。聆受圣言而承恩，先知比作女子订婚，归在丈夫/主的名下——称耶和华为主，为丈夫，'adon，14:9，申 28:10，赛 4:1，何 2:18 注（《你要叫我丈夫》）。

但是，圣言不全是喜讯。耶利米传道之初，亚述衰落，幼发拉底河下游巴比伦崛起，不久即北上攻破亚述的都城尼尼微（前 612）；接着向西，击溃埃及联军，占领亚兰/叙利亚，大军直逼迦南。犹大一片惶恐，到了倾覆的前夜。所以，当先知开始批评朝廷摇摆不定、投机主义的外交政策，劝诫圣城居民，要他们放弃享乐，回归圣法，要"迷路的和亵渎的"赶快悔改：他的日子就难过了。贵族百姓都不肯听他的；甚而，因为他道出了令人难堪而残酷的真相，就排斥他，陷害他，朝他投以"辱骂和讥嘲"，耶 20:8。

于是耶利米不论走到哪里，都是一个"人民公敌"。他远离追逐财富与安逸的人们，悲哀地独行，为众人唾弃；依然，他被上帝的巨手抓住，全身注满了怨愤，za`am，15:17。先知简直痛不欲生了，再也按捺不住，他一腔怒火，向擢立他、"以圣名下聘礼的那一位"喷出——给我们留下了这首千古传唱的"义怒之歌"。

⁷耶和华啊,你勾引了我。我竟然
"乖乖"上钩!你抓住我强迫我,
我反抗不了:如今我一天到晚
受人耻笑!
⁸我只要开口,就忍不住呼喊:
强暴!毁灭!
因为耶和华的话
于我,是终日的辱骂和讥嘲。

⁹我说了我不要想他
再也不奉他的名说话。
可是心里就像禁闭着一团烈火
烧干我的骨髓——我忍不住
我受不了!
¹⁰啊,满耳是流言蜚语
我已被惊恐围困:
告吧,我们一起告他!
连我的密友都等着看我摔倒:
兴许他会上钩?然后我们就能
将他干掉,拿他复仇!

¹¹但耶和华与我同在,像一个可怕的勇士。
所以那迫害我的必绊跤
而无法取胜,因不慎而处处蒙羞

受辱而永不被遗忘。
12 万军之耶和华啊，你考验义人
洞察心肾，求你允我得见
你向他们报仇——案情
我已经启禀。

13 歌唱耶和华，赞美耶和华！
是他解救了贫苦人的灵
打断恶人的手。

14 愿我出生的那一天受诅！
愿母亲诞我之日不蒙福！
15 愿给父亲报喜，说生了个男孩
阖家欢欣——愿那人遭咒！
16 愿他像耶和华倾覆而不怜惜的
城邑：早晨听见哀哭
正午呐喊入耳，
17 只因他没在子宫里就把我杀了
让母亲当我的坟墓
永远挺她的大肚！
18 究竟为什么，要我出子宫
见识辛劳与悲恸，日子
为羞辱吞吃？

注释

20:7　勾引，pittithani，引诱、诱奸，出 22:15。抓住我强迫我，hazaqtani，特指强合、强奸，申 22:25，撒下 13:11。皆律法术语，直指圣法之源（详见《宽宽信箱》，页 63；何歇尔，页 144）。

我反抗不了，tukal，直译：你赢了 / 干掉了（我）。

20:8　辱骂和讥嘲：自比耶和华的忠仆，而毁谤鄙夷竟来自圣言，诗 22:6–7。

20:9　禁闭着一团烈火 / 烧干我的骨髓，直译：烈火在燃烧 / 禁闭我骨中。动词换位，似更有力。火，喻圣言，先知的熟语，耶 5:14, 23:29。

20:10　满耳……围困：同诗 31:13。

密友，'enosh shelomi，平安之人，喻好友。上钩 / 干掉：暗示密友背叛，恰是在天的"勾引者"的安排：动词同上文 7 节。

20:11　此阕为忠仆表白，坚信到头来，那"无法取胜""蒙羞受辱"的不是义人，而是他的仇敌。

20:12　肾，kelayoth，古人视为情欲直觉之官，诗 16:7，智 1:6。

案情，ribi，有时候义者的哀求和祈祷，语气之尖锐，犹如与至高者争讼，12:1（《为什么恶人的路》）。

20:13　打断，直译：从（手中）。插入此节颂辞，略作停顿，转折。

20:14　耶利米"没出子宫"即被认定祝圣，"做万族的先知"，1:5。故而他诅咒生日，就不仅是否定上帝的创造，"开胎"与"生育"，赛 66:9，伯 3:3 以下，也是对先知蒙召，及由此体现的人神关系的抗议和否定。

20:16　城邑：联想所多玛、俄摩拉的覆灭，23:14，创 19。

呐喊，teru`ah，转喻战争、敌军围城。

20:17 他：双关暗示上帝不公。"那人"不是神明，并无关闭子宫的大能。

母亲当坟墓 / 永远挺大肚：夸张修辞，表达愤慨，痛苦至极。

20:18 日子 / 为羞辱吞吃：现实的写照，呼应上文 11 节。

以色列的新约

《耶利米书》31:31–37

据传统教义，天父同人子立约，可视为创世宏图的展开，信约所宣示的，无非预定之救恩。然而考之于圣史，还原圣言的语境，上帝立约，却更像是一系列处理危机的宪政安排：灾殃过后，至高者检讨并决意重建人神关系，扶持忠信者，摆脱困境。

比如挪亚出方舟，耶和华挂战弓立彩虹之约，允诺息洪，不灭苍生；允许人以动物为食，但禁吃血，血仇必报，创9。那是大水淹了一世界的"邪恶"与无辜生灵，仅存挪亚一家八口，"取洁净的牲畜并鸟儿"献祭之日，上帝负疚，修正神恩：俾人类尽快"生儿育女、遍布四方"。

再如亚伯拉罕听从召唤，携家人迁迦南，拜受肉块之约及割礼之约；蒙耶和华应许福地，子孙繁衍，多如天星海沙，创15, 17。那是亚当子孙在巴别塔下被造主扭了舌头，人语分蘖，不通圣言，致使上帝失联，不得不"绝地反击"：立圣祖为先知，由他开始，重新拣选子民（参《以赛亚之歌·考验》）。

又如摩西奉命，率以色列出埃及，登西奈山聆受圣法；上帝更新福地之约，认以色列为特选产业，祭司之国、圣洁之邦。摩西领会众筑坛献祭，洒血立约，誓遵圣言，出19, 24。那是以色列寄居埃及，"奴隶之狱"四百三十年，淡忘了圣名之后，救主至慈，入居荒野,"白天云柱,夜晚火柱,须臾不离子民的前路"的伟大长征,出40(《会幕》)。

那么,耶利米传谕,耶和华要子民悔改,另承"新约",又是怎么回事呢?原来,公元前七世纪末,两河流域巴比伦崛起,灭亚述而称霸近东,犹大虽是巴比伦的藩国,也不免惶恐不安。埃及趁机鼓动结盟御敌。周边五国遂派使节到耶路撒冷,商讨停止纳贡,一起举兵事宜。大臣也都力主加盟。国王正举棋不定,忽报先知求见——他颈脖套了绳索木轭,特来宫中向君臣使节宣布:万军耶和华,以色列的上帝有言:这几国我已交在我的仆人巴比伦王尼布甲尼撒的手里,连野兽也随他使唤!凡不肯引颈就轭、服事巴比伦王的,我必挥剑降灾闹瘟疫而严惩,耶27。

不难想见,当耶京上下积极备战,决心抵抗侵略,争取民族独立之际,那木轭先知却倡言投降,还把胆怯的失败情绪归于上帝的旨意,会是什么结果。他成了人人"辱骂和讥嘲"的民族败类、"假先知",被投进地牢,差点处死,37:11以下。而尼布甲尼撒,一如圣者预言,做了耶和华的仆人和刑鞭,蹂躏犹大,屠戮子民,一把火焚了那天庭之主在人世的圣居。

犹大王耶义,zidqiyahu(前597—前587在位),没能逃走,被追兵捉住扔到尼布甲尼撒的脚下。巴比伦王判决,将耶义的儿子推来父亲面前,一个个斩了,连同犹大所有的公卿大臣。然后剜掉耶义的眼珠,套上铁镣,跟被俘的军民一起,光着脚走上入囚巴比伦之路,39:5–10。

就这样,大卫王室断了根子,上帝恩赐大卫"王权永存,宝座永固"的"永约"不存,撒下12:1(《纳丹和大卫》)。取而代之,亡国为奴之后，便是耶利米事先奉旨，要子民迷途知返，重新承约——那不用王权宝座来担保，但必须"写在他们心上"的新的永约，32:38–40。

³¹ 看哪，日子在即——耶和华宣谕：

我要同以色列家及犹大家另立一新约，³² 不似我与他们祖宗立约之日：我握住他们的手，领他们出埃及；可是那些人竟违反我的约，而我，是他们的丈夫！——耶和华宣谕。

³³ 不，此约乃是那些日子到了之后，我同以色列家所必立——耶和华宣谕：

我要把圣法植入他们腑脏，写在他们心上；是的，我要做他们的上帝，他们要做我的子民。³⁴ 谁也不用再施教，劝邻人或兄弟：应认识耶和华。不，将来从小到大，人人认识我——耶和华宣谕：

因为，我将赦免他们的咎责，不复回想他们的罪孽。

³⁵ 此乃耶和华之言：
那置太阳于白天照耀
规定月亮星星在黑夜放光
又搅动大海，使惊涛澎湃的
名为万军之耶和华。
³⁶ 这些天规，除非在我面前消失——
耶和华宣谕——以色列的子实

才会在我面前绝种

永废一族。

³⁷此乃耶和华之言:

除非诸天之高能够丈量

大地根基之深可以探测,我才会

因以色列子实的所作所为

将他们一总抛弃——

耶和华宣谕。

注释

31:31　新约,berith hadashah,"后先知"传统,救主再三立誓宣谕,一俟以色列回头/悔改,即重续"平安之约,永不倾覆",赛54:10,55:3,耶32:40,50:4–5。基督教兴起后引为预象,指耶稣在最后的晚餐与众门徒分面饼和葡萄酒,所立流血赎罪之约,名"新约",可14:24,太26:28,路22:20,罗11:27,林后3:6。

31:32　丈夫,ba`alti,兼指主子。经书熟语,以色列喻为上帝的新娘,何2:18。

31:33　圣法,torah,一如既往,这新的信约也依托圣法,要人"镌于心版",每日遵行,申30:14,何2:22,林后3:3。写在心上:暗示犹大的君臣祭司"硬了心",愚顽不化,拒绝神谕,17:1。

33:34　认识耶和华:谨守圣法,不忘信约,认识上帝即敬畏上帝,赛

11:9，箴 2:5。反言以色列丢了对神的信心，不听先知儆戒，误以为投靠埃及就能对抗巴比伦。

赦免咎责／不复回想：因赦罪而遗忘，反之亦然。遗忘，一如悔罪，也是重续信约而缔为永约的前提条件，33:8。

33:35　规定，hoqeq，校读从传统本注。原文作复数名词：huqqoth。搅动大海……耶和华：同赛 51:15。

33:36–37 除非／除非：起誓句式，承诺新约必为永约，诗 89:33–37。

宣谕，ne'um，特指神谕、诺言，创 22:16，民 14:28，赛 14:22–23。此选段共宣谕六次。

两姐妹

《以西结书》23:1–34

公元前七世纪末,犹大已由埃及的附庸转为巴比伦的藩属。国王耶举,yehoyaqim(前609—前598在位),却误判形势,犯了一个致命的错误:重新投靠埃及。结果耶路撒冷被巴比伦大军围困,耶举病卒,王下 24:1–6。

继位的新君耶立,yehoyakin,年仅十八,率王后大臣投降(前597)。宫室库藏连同圣殿被敌军抢劫一空,贵族工匠壮丁等一万人,掳去巴比伦。征服者尼布甲尼撒另立废王的叔叔耶礼为犹大王,改名耶义,zidqiyahu。耶义做了几年傀儡,不听先知劝阻,复又结盟埃及,起事反叛。尼布甲尼撒随即兴师讨伐。这一次,"巴别子孙"摧毁了圣城,烧了圣殿;犹大覆灭,大批子民入囚(前587/586)。

跟随废王耶立入囚巴比伦的俘虏里有一位祭司,名叫以西结,yehezqe'l("神赐力量")。某日,在客坝河畔,忽有耶和华的荣耀降临,一个声音向他说:人子啊,你站起来,去给那"反叛之家",beth hammeri,即以色列,传我的圣言!以西结抬眼望去,天上伸下一只手来,给他一卷书,正反两面写满了哀歌、呻吟与灾祸。人子啊,那声音道,你把这个吃了!他便张开嘴,那书卷入口,竟是蜜一般的甜,结 2:9–3:3。

就这样,以西结当了耶和华的先知——子民中间最幸福,也是最痛苦的人。幸福，是因为他虽然在敌国为奴，饱经凌辱，却时时聆受圣言；甚而于异象中得见四位天尊，hayyoth，人狮牛鹰四脸四翼，牵引着天庭御辇，托起穹隆上一架蓝宝石样的宝座，光芒万丈，全能者的荣耀高踞其上，1:4–28。痛苦，则是由于每逢异象，所承使命，都是要他警告族人灾殃已近，而他们无论君臣百姓都注定了不会迷途知返。然后，他就不得不发出圣者的诅咒，预言祖国的覆亡。

最悲伤的一次，他被那只巨手抓住头发提在空中，圣灵吹拂，送回了锡安，8:3。由王宫北门走进圣殿，啊，那儿怎么又竖起一尊女神，圣怒不容！墙上，何时雕刻的一条条爬虫跟秽物，那么恶心？而以色列七十长老正手提香炉，青烟缭绕，朝它们膜拜……先知看得痛切，救主如何抛弃了他的子民；连自己的圣居，所罗门王造的圣殿，也没顾惜，一总交在尼布甲尼撒的手里，任他践踏亵渎、夷为平地，9–10。

当然，这一幕幕惨剧只是以西结自己的"灵中所见"，旁人是看不到的。如何理解，信服与否，便不是他能够保证的了。但是先知心里明白，圣言决不会落空。所以，他将历年所得的启示一一记下，托人带回残破的圣城，为时人，也给后世做一卷见证。其阐发的义理，归罪与报应原则，以及对救恩之日的憧憬：万军耶和华终将再临福地，宽赦子民，赐"以色列全家"重生——这些因虔敬而大胆而奇异的明喻和教导，无不是圣书之瑰宝。

于是耶和华之言降临，对我说：²人子啊，从前有两个女子，一母所生。³她们在埃及行淫，小小年纪就当妓。那里，她们酥胸让人抚弄,童贞的乳头被人糟践。⁴ 两人的名字,大的叫帐帐,妹妹叫篷篷;原本她们归我,也生了儿女——那两个名字,帐帐即撒玛利亚,篷篷指耶路撒冷。

⁵ 帐帐虽然归我,却很放荡,情人频频,专找邻舍的亚述人。⁶ 都是些穿紫衣的都督番官,骑高头大马的俊男。⁷ 她就给亚述子孙的精华当妓,被情人们的各色偶像所玷污。⁸ 自埃及起,便淫猥不拔,小小年纪就跟人乱睡,随人糟践童贞的乳头,往她身上发泄淫欲。

⁹ 所以,我将她交在她情人手里——
　　她迷恋的亚述子孙之手。
¹⁰ 他们把她剥光,掳走她的儿女
　　而后拿她祭了利剑:
　　女人当中她恶名最大
　　当得这般惩罚!

¹¹ [这些]她妹妹都见了,篷篷却越发猥劣,更比姐姐还淫荡。¹² 也迷恋亚述子孙,邻舍的都督番官,鲜衣怒马的俊男。¹³ 是的,我看到她玷污自己,两姐妹走了一路,¹⁴ 她变本加厉地纵欲。连墙上雕刻的男子,丹绘的迦勒底人——¹⁵ 那腰带紧紧、裹头宽宽,一派军官神气,画的是迦勒底老家巴别的子孙——¹⁶ 她也会一眼就迷上,就托使者去迦勒底寻访。¹⁷ 那帮巴别子孙就来登她的爱床,一通淫乱,将她玷污。但一边堕污,一边她心里已经嫌弃他们了。

¹⁸ 就这样,她拿淫行显摆——

显摆起自己的裸相!

直至我的灵将她厌弃

一如先前厌弃她的姐姐。

¹⁹ 可是她淫欲大增,不忘

少时在埃及当妓的日子:

²⁰ 不惜给人当妾,服侍那帮

下体似驴鞭,滥射如公马的

情人!

　　²¹ 是呀,你渴求的就是

你少时的淫恶,你青春的酥胸——

埃及人糟践你的乳峰!

²² 所以篷篷,此乃主耶和华之言:看,我要唤醒你的情人,亦即你心里嫌弃了的,我要鼓动他们来围攻你:²³ 巴别子孙的迦勒底大军,率裴柯、书亚和哥亚[三族],并全体亚述子孙;一色的俊男,都督番官,将领个个出名,高头大马。²⁴ 他们兵车隆隆,自北方来犯;大军集结,长盾圆盾与头盔列阵,将你团团围起。我要把审判权赐予他们,按他们的法律判你。²⁵ 我必拿住你,不容不忠,要他们向你点起怒火,割掉你的鼻子耳朵,而残余的必倒在剑下:他们必掳去你的儿女,一把火吞噬你的残余,²⁶ 而后剥光你的衣裙,掠夺你的珠宝。

²⁷ 就这样,我消灭你的淫乱

你始于埃及的纵欲；

我要你不敢再朝他们抬眼

再也不思念埃及。

²⁸ 是的，此乃主耶和华之言：看，我要把你交在你仇家手里——你心里嫌弃了的人之手。²⁹ 他们必拿你泄愤，抢光你的辛劳所得，扔下你一丝不挂：你纵欲行淫的那一副裸相，要全部袒露！³⁰ 他们那样待你，是因为你给外族当妓，跟他们的偶像同污。³¹ 既然你走了你姐姐的路，我必将她的杯爵放你手中——³² 此乃主耶和华之言：

喝吧，你姐姐的苦爵——

又深又广，满满一杯

讥笑和嘲骂，都斟给你！

³³ 你必酩酊大醉，醉于悲恸。

好一杯惊恐凄凉

你姐姐撒玛利亚的苦爵——

³⁴ 喝吧，把它吸干

再摔成碎片，割你的双乳！

是的，这是我说的——主耶和华宣谕。

注释

23:2　人子，ben 'adam，人，特指或泛称，人类。上帝这样叫他的先知，是《以西结书》一个特点，但 8:17。

两个女子，一母所生：所罗门死后，王国分裂为犹大、以色列，两国南北对峙，王上 12（《寂静之声》导言）。

23:3　行淫 / 当妓：贬喻子民容忍异教，祭拜"邪神"，并追溯至祖宗寄居埃及的时候，结 20:7–9。

23:4　帐帐，'oholah（"她的帐篷"），篷篷，'oholibah（"我的帐篷在她"），以西结是南国先知，以耶路撒冷圣殿为上帝在子民中间的唯一居处，"我的帐篷"。撒玛利亚，shomron，是北国以色列的首府。姐妹淫乱的意象，通说借自耶利米，耶 3:6–11。

23:5　邻舍，qerobim，另作（穿紫衣的）战士，无确解。

23:6　紫，tekeleth，蓝紫色，因染料昂贵，贵族和上层阶级服饰常用，27:7，歌 7:6。都督，pahoth，番官，seganim，亚述语借词。先知谴责北国讨好亚述，进献金银，不敢信靠上帝，王下 15:19, 17:3。

23:7　偶像，gillulim，谐音粪便，gel，4:12，剥光 / 袒露，galah，贬称异教"邪神"。

23:10　剥光，gillu `erwah，直译：裸露羞处，婉言强奸，利 18:6 注。此节写亚述灭北国，以色列十支族沦亡（前 722/721 年）。

23:12　南国为了抵御北国和亚兰同盟，也曾向亚述求援，称臣纳贡。后来巴比伦（"巴别的子孙"）兴起，大军入侵，犹大又臣服新的主子，王下 16:7–9, 24:1, 17。

23:14　迦勒底，kasdim，即巴比伦（"巴别"）。

23:16　托使者寻访：或指希士迦王跟迦勒底酋长马尔督 - 巴拉丹交好，配合其起事反抗亚述，王下 20:12–19，赛 39。

23:17　一边堕污，一边嫌弃：犹大与巴比伦关系多次反复，先臣服，后叛逆，王下 24:20。

23:18　我的灵，naphshi，犹言我、自己，强调语气。本义气、喉、灵，转指生命，整个的人，创 2:7 注（库格尔 a，页 46–47）。

23:19　不忘埃及：犹大王耶义向埃及求助，结盟对抗巴比伦，17:7, 15（《以色列的新约》导言）。

23:20　（驴）鞭，basar，肉，婉言下体。公马：熟语，喻滥交。皆贬称埃及，16:20，耶 5:8。

23:21　埃及人，从二抄本。原文：自埃及。

23:22　唤醒你的情人／鼓动他们来围攻：敌族做了圣怒的载具。

23:23　裴柯，peqod，巴比伦东边一亚兰部族，耶 50:21。书亚，shoa`，哥亚，qoa`，详不可考，一说也是属于东亚兰人的游牧部落。

23:24　自北方，apo borra，从七十士本，耶 4:6。原文：hozen，谨此一用，无解。按他们的法律判你：耶和华以巴比伦王尼布甲尼撒为仆人，为刑鞭，降罚耶京，烧杀掳掠，耶 25:9；事实上，悬置了圣法与信约义务。

23:25　不容不忠，qin'athi，本义狂热忌妒，亦是圣名，出 20:5, 34:14，赛 9:6 注。残余：子民的劫余，"仅及什一，即便悔改了也要火里走"：天父有言，赛 6:13。

23:27　思念埃及：兼指异教和不可靠的结盟，上文 19 节。

23:28–29　仇家／泄愤：子民膜拜异神（"纵欲行淫"）必引来敌意、入侵、福地沦亡，是先知时代流行的因果报应论。

23:31　杯爵，kos，喻命运，经书熟语，赛 51:17，耶 25:15，诗 11:6, 75:8。

23:34　碎片割乳：烂醉发狂而自残，悲惨之极。

枯骨

《以西结书》37:1–14

南国犹大的三大先知,以赛亚、耶利米和以西结,既是耶和华的传道者,也是敏锐而深邃的哲人。以西结蒙召在入囚巴比伦以后(前594/593),对于罪罚救恩、生命与苦难,有强烈的切身体会。他的思想学说,就其巨大的历史影响而言,几乎重构了人神关系。上帝降罚,据其启示,不应看作是报应子民陷于罪愆,而是捍卫及昭示圣名的尊严,结 20:44。同理,耶和华重续永约或"平安之约",亦非奖励耶路撒冷悔改,回归天父,而是出于救主无尽的慈爱,hesed,出 20:6, 34:7。之后,泽被大爱,才有罪人自觉的悔改,16:62–63。

据此,以西结明确提出并全面阐述了个体责任的罪罚原则——父罪不必子承,谁违法谁负咎责,18:4, 19–20。换言之,罪罚一如恩典,也源于上帝之爱;耶和华为王,即大爱为王。落实到每一个个体,惟有罪责自负,才能促成人人悔改,让子民换一颗"新的心",以领受"新的灵",获重生——为什么要死呢,以色列家?囚民的先知如此发问,18:31–32。

原先,按照摩西传统罪责连带的团体责任,神恩与罪罚皆可祖孙转承,报应只在今世:耶和华不容不忠,qanna',"凡恨我、被我定罪的,我必降罚于其子孙,直到三代四代;凡爱我、守我诫命的,我必以仁爱待之,泽被千代",出 20:5–6,结 23:25 注。因而"恶人的路条条顺达",耶 12:1,仅意味着后代逃不脱报应,而非公义受阻。相应地,人死后,亡灵不论善恶,一律堕入阴间。"子裔享尊荣,他无从知晓;遭人轻贱,他也不会察觉——他只能感受肉身的痛苦/亡灵,只为自己哀哭",伯 14:21–22。

若是罪责自负,今世报应就成了问题。因为显然,好人受苦、恶棍享福乃是现实生活(即私有制下)的常态。而阴间善恶兼收,则成了人世不公的镜像,这是创世圣言回避不了而必须回应的。以西结的启示,或"耶和华的手"再一次"把他覆盖",便是这篇枯骨逢元气的故事。

是的,如果有朝一日死者会复起,义灵将由以色列的圣者指引,重返锡安,那现时子民所忍受的抢掠屠杀和奴役又算得了什么?不过是救恩的稍稍延宕罢了。而苦难中会众对"报应之日"的无条件的接受与期盼,就系于这复活的信仰了。

耶和华以手覆我,以耶和华的灵将我携出,放在那山谷中央——啊,遍地是骸骨! ² 他引我四处走了一遭,看哪,层层叠叠堆满了山谷,全是枯骨! ³ 于是他说:人子啊,这些骨头能复活么?我说:我主耶和华啊,只有你知道。⁴ 他说:你向这些骨头预言吧,说:

枯骨啊,请听耶和华之言——
⁵ 如是,主耶和华训谕这一具具骸骨:

看，待我亲自将元气存入你们

你们就复活了。

⁶ 待我给你们贴上筋，敷上肉

裹上皮，再注入元气

你们就重生了——就认识到

我乃耶和华。

⁷ 于是我遵命预言。正说着预言，忽然，什么声音——啊，那些骨头格格作响，一块块接了起来！⁸ 定睛看时，一具具都生了筋，长了肉，包上了皮，只是没有呼吸。⁹ 他又道：你可向元气预言；预言吧，人子，对元气说：

此乃主耶和华之言：

乘着四方的风，来吧，元气

吹在这些遇难者身上

让他们复活！

¹⁰ 于是我遵命预言。元气便注入骸骨，他们便重生了，站起，立定：一支极众的大军。

¹¹ 然后他说：人子啊，这些骸骨就是以色列全家。他们一直在说：我们骨头枯了，希望也失了，我们被割弃了！¹² 所以预言吧，你告诉他们：

此乃主耶和华之言：

看，我要亲自打开你们的坟
我的子民，将你们接出墓穴
领回以色列的故土。
¹³ 而你们就要认识到
我乃耶和华——当我打开
你们的坟，将你们接出墓穴
我的子民，¹⁴ 再把我的灵
存与你们内中，你们就复活了！
是的，待我为你们重起福地
你们必将认定
我，耶和华，言出必行——
一如耶和华宣谕。

注释

37:1　耶和华以手覆我：受大能激励，迷狂状。山谷：犹大俘虏入囚巴比伦，营地在客坝河畔，kebar，附近有山谷，3:22–23。

37:3　人子：特指先知，23:2 注（《两姐妹》）。只有你知道：敬语，婉言此事超出了人的能力。

37:4　预言：行使先知之职。

37:5　元气，ruah，风、气、灵，造主赐予的"生命之气"，呼吸，创 2:7，诗 104:30，下文 8–9 节。

37:6　筋/肉/皮：枯骨逢元气，"死者重生"，是整个的人或一体的灵，

nephesh, 的复活, 赛 26:19, 罗 8:11, 启 11:11。认识: 兼指懂得敬畏上帝, 奉为真理与生命之源, 赛 11:9 (《嫩枝》)。

37:9　遇难者, harugim, 被杀害的。暗示死于巴比伦侵略者屠刀的子民, 虽是受罚的罪人, 却是未来新人的"素材"。而时候一到, 耶和华必放下手里的"刑鞭", 重启救恩之信实。

37:10　大军, hayil gadol, 复活 / 重生对于以西结, 一如以赛亚, 是民族独立、光复圣城、"以色列全家"的解放。这跟后世圣者发展的针对个人信仰修行的肉体复活、善恶分途（受审受报应）的学说, 是完全不同的, 但 12:2, 加下 7:9, 14, 太 25:31 以下。

37:11　割弃, nigzarnu, 形容失去家园的流散者的痛苦和绝望——绝望中, 先知带来了"耶和华的光明", 赛 2:5。

37:12　故土, 'adamah, 以色列的复活, 重逢圣灵, 在回返福地。

37:14　言出必行: 圣言的本质在所成, 在改造世界（所造）。

你要叫我丈夫
《何西阿书》2:4–25

先知书，除了以赛亚等三大先知，还有篇幅较短的十二篇，以《何西阿书》起头，习称"十二小先知"。

何西阿，hoshea`（耶和华"拯救"），是小先知里唯一的北国人氏，生平不可考了。他蒙召传道（前750—前721），恰逢乱世。亚述西侵，称霸近东，以色列却陷入了血腥的王位争夺，最后二十年换了六朝君主，四个被臣子谋杀。对外政策也游移不定，一会儿称臣纳贡，做亚述的藩属，王下15:19–20；一会儿又跟亚兰/叙利亚结盟，试图反叛，或者就投靠亚述的宿敌埃及，何7:11, 11:5。末了，亚述大军打来，围困都城撒玛利亚三年，北国覆灭，大批居民被掳去了两河流域（前722/721），王下17:5–6。

何西阿的预言，在他的家乡，大概是不招人待见的。篡位的僭主跟祭司集团一样腐败，假先知蜂起，误导百姓，追随"邪神"，统治者却宁可信强邻信盟约，不信靠上帝。这些都是他谴责的对象，得罪的人太多了。加之忠言逆耳，有谁肯听呢？先知的苦闷，可想而知。惩罚之日到了，他说，报应在即，以色列怎么还不明白？"先知变了蠢汉，灵附体的，'ish haruah，发了癫狂"，9:7。

这些启示的原始文本，通说是亡国之后先知本人或弟子带到犹大的，经后人编辑成书。因为书中用犹大王朝纪年，时而在关键处，例如叙事结尾插一句,顺带说明南国的罪孽与命运,像是编者补入的,1:7, 3:5, 12:1b。当然,也不排除一种可能:先知流亡犹大期间,开始关注南国的宗教和政治问题,自己做的修订。

一部《何西阿书》,传扬最广的是起首三章,写先知奉旨娶"淫女/妻",做一讽喻的象征。通观圣史,上帝同会众的关系比作父子或夫妻的说法,并不鲜见,11:1,出4:22,申1:31,耶31:9,太2:15。因此那三章所述——妻子不贞,跟了别人,做丈夫的如何耐心等待罪人悔改,一边咒她、罚她、将她挽救,等等,很难说是作者真实生活的写照。但这启示的深意,不在讨论婚姻家庭的祸福,而是藉一讽喻指出:天父与子民立信约,是建立在感情和认知基础上的。没有双方感情的投入,不求彼此认识的觉悟,人神之间只讲法条教义跟祭礼,那信约是维持不久的。信约动摇,失了根基,救赎的应许便成了空话,如先知感叹的:以法莲(北国的别名)还在一个劲为赎罪筑祭坛,可那一堆祭坛本身就是罪愆,8:11。

[4] 控诉吧,控诉你们的母亲
　因为她不是我的妻了
　我也不是她的丈夫。
　让她卸掉脸上的淫妆
　把乳沟的奸情除去!
[5] 免得我将她剥光,人就像
　在出生之日,又像荒野裸露

一片干涸之乡——我叫她渴死！
⁶ 她的儿女，我也不怜悯
　因为是淫乱所生。
⁷ 因为他们母亲当了妓
　那怀上他们的，行事无耻
　居然声称：我要跟从我的情人；
　我的面饼和水，羊毛与麻
　油跟饮料，都是拜他们所赐。

⁸ 所以，看哪，我必以荆棘挡她的道
　竖一面墙，让她找不见路；
⁹ 让她怎么追，也追不上情人
　再寻也寻不着他们，只好说：
　我得回归我的元配丈夫了
　真的，从前多好，哪像我现在？
¹⁰ 她还不明白，是我给的她的五谷
　新酒和油，让她金银堆积——
　她却拿去供了巴力！

¹¹ 所以收获之时，我必收回我的五谷
　季节一到，必拿走我的新酒
　连同给她蔽体的羊毛与麻。
¹² 如今，我要裸露她的羞处
　当着她情人的眼睛——

看谁能救她，从我手中！
¹³ 我要取消她所有的欢乐

节期月朔安息日，并她的一切盛会。
¹⁴ 还要毁她的葡萄和无花果树

因为她说：这是情人们送我的缠头。

待我废果园为荒林

给野兽为食，¹⁵ 我必追究她

烧香膜拜巴力的日子：

她鼻环项链浓妆艳抹

去跟从她的情人，把我忘记！

——耶和华宣谕。

¹⁶ 所以，看哪，我要好好引诱她

领她进荒野，向她的心

说话。¹⁷ 那儿，我会重起她的葡萄园

变祸谷为希望之门。

那儿，她必应答，宛如少时

如从埃及上来之日。

¹⁸ 待到那一天——耶和华宣谕——

你要叫我"丈夫"，不许再称我"巴力"。
¹⁹ 我必从她口中清除巴力之名

将那名号永远遗弃。

20 待到那一天，为了他们
我必与野兽，与空中的飞鸟
并地上的爬虫立约；
必折断弓剑，让大地息战
人可安睡。
　　　21 我必聘你
永远归我；必以正义公平仁爱
与怜悯下聘，22 是的，必以信实
下聘而娶你归我，使你认定
耶和华。

23 待到那一天，我必应允
——耶和华宣谕——
我必应允诸天，天必应允大地
24 地必应允五谷、新酒和油
而这些必应允"上帝栽种"。
25 当我将她种下归我，归福地
那"不蒙垂怜"的，我必怜悯
必呼那"非我子民"的：你是我子民。
而他会说：你是我的上帝。

注释

2:4　母亲：拟人，指以色列。耶和华向以色列的儿女说话。上帝因子民不忠而提起控诉，rib，进而审判定罪，是经书里反复出现的一个母题，赛 3:13，耶 2:9，弥 6:1，诗 50:4。她不是我的妻 / 我不是她的丈夫：休妻证言，或属法定程序。

淫妆 / 奸情，兼喻异教首饰、护符纹身之类，下文 15 节。

2:5　剥光，`arummah，古代近东女子犯通奸，依法如此惩罚，赛 47:2–3，耶 13:22，结 16:37，鸿 3:5，启 17:16。荒野裸露 / 渴死：对比迦南 / 异教部族富庶的农业文明，及其对以色列的诱惑，申 8:7 以下。

2:6　不怜悯：双关，联想先知女儿名叫"不蒙垂怜"，何 1:6，2:25 注。

2:7　情人，me'ahabay，指异教神祇，如掌生育的巴力。

2:8　她，从七十士本及古叙利亚语译本。原文：你。

2:9　元配丈夫：依信约，上帝愿意承担"复婚"之义务。

2:10　五谷 / 新酒和油：显然不少子民受了诱惑，以成败论英雄，相信福泽来自大神巴力。

2:12　谁能救她：讽刺，人在救主手中，如何解救？

2:13　取消欢乐 / 节期：因以色列定居迦南日久，节庆活动掺杂了异教神例如巴力崇拜的因素。

2:14　葡萄和无花果：象征富足安乐，王上 5:5。缠头，'ethnan，嫖客给娼妓的财物，赛 23:17。

2:16　引诱，miphatteha，兼指勾引，诱奸，出 22:15，耶 20:7（《勾引》）。耶和华终于不再"休妻"，决心同巴力竞争到底。

荒野：象征以色列"幼年"的纯洁信仰，长大以后失去的理想，11:1，12:10，耶 2:2；或暗示审判，结 20:35。

2:17 祸谷，`emeq `akor，在耶利哥城附近，约书亚曾在那儿剪除不忠（违反圣战咒誓者），书 7:24–26。

从埃及上来：古人以圣城为大地之"脐眼"（中心），表达方向，来为上，离为下。

2:18 巴力，ba`al，迦南大神，本义主、主公，妻妾称呼自己的丈夫，'ish。

2:20 立约 / 大地息战：上帝恢复同挪亚父子及众生立的彩虹之约，世界复归安宁，创 9:8 以下，利 26:6，结 34:25。

2:21 聘你 / 永远归我：迎回罪妻，如聘童女。

2:22 信实，'emunah，救主不忘信约义务，上文 9 节注。认定：犹言忠于、信从。

2:23 应允，'e`eneh，或作回应。天父终于结束藏脸，接受悔改，出手施救。

2:24 "上帝栽种"，yizre`e'l，何西阿的儿子，奉耶和华之命娶"淫妻"，'esheth zenunim，或巴力的女祭司（"庙妓"）所生，取名象征神恩，1:4。也是以色列地名，即耶胡政变，屠杀王室处，王上 19:16（《寂静之声》），王下 9:15–10:14。

2:25 将她种下：喻以色列悔罪，重植信仰。

"不蒙垂怜"，lo' ruhamah，"非我子民"，lo' `ammi，何西阿娶"淫妻 / 庙妓"所生老二（女）和老三（男）的名字，讽喻启示以色列将被神抛弃的命运，1:6, 9。

耶和华之日
《阿摩司书》5:18–27

阿摩司，`amos（耶和华"抱起/背负"），南国先知，来自伯利恒东南、挨近犹大荒野的一座小村，牧人出身，noqed，摩1:1。经书上说，一天，他正赶着羊群，忽被耶和华"攫住"，灵中受了圣言：去吧，为我的子民以色列预言，7:15。那是公元前八世纪五十年代的事。

他便由耶路撒冷向北，来到北国的圣所"上帝之家"，beth'el，创35:7, 15，开始在那里传道。其时以色列国势鼎盛，增民二世，yarob`am（前785—前745在位），秣马厉兵、拓疆取胜，财富聚积，商埠兴隆。然而在"耶和华的牧人"眼里，那一片欣欣向荣背后，却是日益严峻的社会不公，贫困、奴役跟司法腐败，人遭了天谴仍不自知：讨债的"在拿义人换银子，穷汉仅卖一双鞋的价钱；弱者的头他们一脚踩进尘土，卑微者的路扔在一边；儿子父亲睡同一个女奴——就这样，亵渎我的圣名"，2:6–8。

于是，阿摩司毫不留情，将以色列的罪行一桩桩声讨，连同她的被异教偶像玷污了的圣所祭坛、充斥着不义的都城撒玛利亚。不过当耶和华动怒，决定降蝗灾旱灾时，先知又挺身而出，力谏宽恕为怀：雅各这么弱小，如何经受得起？万军之主居然被"弱小"二字感动了，两度收回成命，niham，7:1–6（《以赛亚之歌·后悔》）。

那上帝之家有一个祭司耶强,'amazyah。他听得先知责难圣所,就向国王告状,指其诋毁国君、诅咒以色列家。然后唤来阿摩司,一顿训斥,要他滚回犹大,去乡下当一个视者(参《锡安山》导言),不许再来上帝之家预言:"这儿是吾王的圣所,是王国的殿。"不想阿摩司回答:我不是吃先知饭的,也不是先知子弟(即不属任何门派);我只是个放羊的,也帮人修剪埃及榕。但既然你不许我给以色列预言,那好,听着,此乃耶和华之言:将来,你的妻必当街卖淫,你儿女必倒在剑下,田地必被人拉绳丈量了分光;你自己,必死于污秽之地(贬称外国,拜偶像故),而以色列必人囚异乡! 7:10–17,申 28:30–33,何 9:3。

耶强同妻儿的命运如何,圣书未提,不得而知了。但阿摩司在上帝之家施教,时间恐怕不长。也许他回到家乡,对犹大和耶京也有预言,也有弟子跟从,随时记录启示,把救恩的希冀与理想记在他的名下,如同别的先知?"那一天,我必重起大卫坍塌的茅棚……叫扶犁的撵着收割的,榨酒的赶上播种的,大山要淌下新酒,小山都溶于醇酿。"耶和华之日,耶和华宣谕,必扭断子民的囚锁,9:11–14,诗 126:1。

¹⁸ 祸哉,那渴望耶和华之日的!

你们要耶和华之日干吗?

那是黑暗,不是光明——

¹⁹ 好比人躲了狮子又遇上熊

或者进到屋里，手扶一下墙
　　却被蛇咬。
20 不是吗，耶和华之日没有光明
　　只是黑暗，是绝无一点亮的
　　昏黑一团！

21 我憎恶，我鄙视你们的节庆
　　也不要闻你们的圣会。
22 便是给我献上全燔祭，或素祭
　　我也不悦纳，不会眷顾
　　你们平安祭的肥畜。
23 让你们嘈杂的歌声离我远点
　　我不想听你们弹琴！
24 愿公平如大水滚滚
　　正义如溪流不断。

25 荒野四十年，你们何尝
　　为我供奉牺牲和素祭，以色列家？
26 如今你们得抬起替自己制作的偶像
　　你们的秽王萨古，并星神凯顽；
27 因我要放逐你们，至大马士革以外——
　　耶和华，那名为万军上帝的，有言。

注释

5:18 耶和华之日:又称报应日、圣怒之日,赛 2:12,结 22:24,何 9:7,箴 11:4,伯 21:30。照阿摩司的启示,既是令人恐惧的灾殃与审判之日,也是祈盼已久的救恩降临之时,摩 9:8 以下。

5:19 狮/熊/蛇,喻敌害,诗 7:2, 17:12, 58:4, 91:13,箴 28:15。

5:21 憎恶/鄙视你们的节庆:上帝拒绝伪善的祭祀,或把守节的礼仪搞成空洞的形式和教条。因为"整个世界的审判者"主持公道,布施的是实质正义,赛 1:10–17,耶 6:20,何 6:6,诗 50:8–14。

5:23 歌声/弹琴:节庆跟拜祭仪式常伴有音乐,撒上 10:5,撒下 6:5。

5:24 溪流不断:正义长流,不似迦南/巴勒斯坦的季节河,wadi,士 5:21 注(《黛波拉之歌》)。

5:25 荒野四十年:作者的立场一如何西阿、耶利米,把子民跟随摩西跋涉荒野的"长征"理想化,以祖宗当年的艰苦奋斗,对比"以色列家"现时的堕落,何 2:16–17,耶 2:2, 7:22。

5:26 秽王萨古,sakkuth,星神凯顽,kaiwan,校读从传统本注。原文:sikkuth/kiyyun,是标音取"秽物"一词的元音,shiqquz,贬称巴比伦神(土星)。但北国的以色列人开始拜异教神,应是亡国以后——亚述将两河流域的部族迁来福地居住,通婚,渐渐形成宗教与文化的融合;摩西传统虽然得以延续,十支族却从此湮灭了,王下 17:24 以下。通说此句是后人或编者补入的。

5:27 大马士革以外:预言北国覆灭,居民将流放亚述。

大鱼
《约拿书》2:1–10

约拿，yonah（"鸽子"），本是北国增民二世朝（前785—前745）一位先知，王下14:25。《约拿书》却是借名虚构，一篇反讽先知的诙谐寓言。从语汇风格、作者的普世救赎思想及对亚述的平和态度看，学者推测，大约成书于波斯时代后期（前400—前331）。

"鸽子"约拿可说是先知中的另类。他既不谴责耶路撒冷的"淫行"，也不诅咒迷途上的子民。相反，他一听圣言召唤，抬脚就跑；下到码头，找了条外邦人的商船，往拓西，tarshish，就是希伯来人心目中的极西之地，扬帆去了，拿1:3。

可耶和华哪是躲避得了的？一场大风暴追上了"鸽子"，差点掀翻了船，诗48:7, 139:7–10。水手们一边往波涛里扔货物，一边呼求众神救命。约拿却藏在底舱睡觉，被船长发现，便叫众人抽签，看是谁惹的祸——抽中的正是"鸽子"。约拿道：把我丢海里吧，这风暴是冲着我来的。众人见巨浪滔天，忙向以色列的上帝祷告许愿，然后举起先知送与怒海。风浪果然平息了，诗107:25–30。

罪"鸽"落海，就被一条大鱼吞了——依照耶和华的安排。他在鱼腹里向救主忏悔，念了一篇结构匀称、化用《诗篇》句法意象的感恩颂（见注释）。三天三夜过去，大鱼游到岸边，将先知吐了出来，2:11。

耶和华又在召唤：起来，去亚述大城尼尼微传我的圣言！这一次，约拿不敢逃了；他来到大城，走上广场，高声宣布：还有四十天，尼尼微就要倾覆，nehpaketh！亚述虽是摧残以色列、掳掠子民的霸权，耶和华一度的"刑鞭"，赛 10:26，那大城居民却不乏敬畏之心。一听"倾覆"，便家家户户禁食披麻；国君带头，脱下冕袍，系上衰衣，坐在灰里，传旨：全国悔罪，人畜不论，一律禁食。只求至高者怜悯，收回圣怒，太 12:41，路 11:32。上帝见尼尼微迷途知返，竟"倾覆"自己做出的决定，收回灾祸，ra`ah，宽恕了罪人，3:9–10，耶 18:8，26:3。

这可把"鸽子"气坏了，wayyera` ra`ah：好，好，耶和华！我在家乡说什么来着？上次我逃，是因为知道你上帝慈悲，不轻易发怒，施爱守信，出 34:6–7，会收回灾祸呀，niham `al-hara`ah！求求你，耶和华，这条命你拿去——死掉，也比留着它好！上帝回答：你怒气冲冲，harah，在理么？

原来圣者早有预备，创 22:14。待约拿出城，搭好棚子坐下，等着看那大城第四十天的命运，救主便以一株蓖麻替他遮荫又生虫枯萎、烈日暴晒等诸多征兆，为倔犟的先知演示了大爱：是的，天父至慈，哪怕最凶恶的敌族仇邦，偶像玷污如尼尼微，只要人愿意悔改，就值得关心、怜悯，4:10–11。

耶和华却预备了一条大鱼，将约拿吞了。约拿在鱼腹里过了三天三夜，[2] 自鱼腹，约拿向耶和华他的上帝祈祷，说：

卷三　先知书　141

³ 每当我遭难,把耶和华呼唤
 他都回应——
 虽陷于阴间的肚里,但我求救——
 你就俯听了我的哀鸣!

⁴ 你将我抛下深渊,沉入海心
 被洪流围起;你全部的巨浪惊涛
 盖过了我的头顶。
⁵ 但是我说:诚然我已从你眼前
 放逐,依然我仰望着你的圣殿。

⁶ 啊,大水汹涌,淹齐了我的灵
 深渊合拢,我的头被海草缠绕。
⁷ 沉到群山的根柢,大地落下门闩
 把我关起——永远。

 然而你从深坑救出了我的命
 耶和华啊,我的上帝!
⁸ 正当我的灵奄奄一息,耶和华
 我想起了你,我的祷告
 就来到你面前,上了你的圣殿。

⁹ 那敬虚无拜偶像的
 是丢弃了他的至慈之爱。

¹⁰ 而我，却要用感恩之声

为你献祭——我许的愿

我必还。

救恩来自耶和华！

注释

2:1 　　大鱼，dag gadol，寓言故事，漫画色彩，不用鲸鱼、海怪、大蛇之类，tannin，创 1:21，赛 27:1，诗 74:13，伯 7:12。七十士本作巨鲸，ketos，福音书从之，太 12:40。

　　三天三夜：后世基督教引为耶稣受难"入大地的心"，第三天复活之预象，同上。

2:3 　　每当：或作曾经，指过去的经历，亦通。

　　阴间的肚里：喻处境险恶，哀 3:55。俯听哀鸣：出于大爱，施救也是上帝的信约义务，诗 17:1, 86:6–7, 130:2，何 2:22 注（《你要叫我丈夫》）。反言"鸽子"先知逃不脱天父的视听。

2:4 　　海心，bilbab yammim，犹言海底，出 15:8。洪流／盖过头顶：象征灾难，诗 42:7, 88:6–7。

2:5 　　从你眼前／放逐：形容失去神恩，诗 31:22。你的圣殿：兼指天庭圣居、锡安山，诗 5:7。下同。

2:6 　　灵，nephesh，气、呼吸、生命，此处指喉咙：水涨齐脖，诗 69:1，结 23:18 注（《两姐妹》）。

2:7　　根柢，qizbe，根基，指海底。落下门闩／关起：坠入冥府，与"生者之地"隔开，诗 27:13, 52:5，伯 28:13。

　　　　深坑，shahath，喻阴间，诗 16:10, 30:3。

2:9　　虚无／偶像：贬称异教神，诗 97:7。

2:10　　救恩，yeshu`athah，兼指胜利，诗 3:8。

二〇一六年九月

卷四 圣录

圣名颂

《诗篇》8

子民礼拜上帝，感恩祈祷，虔敬之思，往往出之以诗。诗歌便于记诵，以色列发达甚早，历代皆有收集整理。我们知道这些成就，是因为经书引用了几种歌集，如《耶和华战记》和《义士书》，民21:14，书10:13，撒下1:18，可惜散佚了。旁经跟伪经保存了一些，如《所罗门诗篇》十八首、死海古卷《感恩颂》，属于后圣经文献。收入圣书的只有《诗篇》一部总集，一百五十章。

"诗篇"之名，tehillim，意为颂诗，故天主教吴经熊本与思高本作"圣咏"。但书中以此题记的仅一首，诗145（《受造之物他皆怜恤》），是每节开头藏一希伯来字母的藏头诗。题记，即附于诗前的简短文字，说明作品背景、曲式、伴奏乐器等，如"大卫赞歌，作于逃避其子押沙龙时"，诗3（《祈救》），"寇腊裔训诲诗，交与乐官"，诗42（《牝鹿》）。赞歌，mizmor（七十士本：psalmos，钦定本：psalm），据说是像大卫那样，抱一把三角琴，边弹边唱的，撒上16:23。训诲诗，maskil，既然"交与乐官"，大约也离不开"丝弦伴奏"，诗54（《我的灵有我主扶持》）。有些术语，究竟是指曲牌还是演奏方式，已经失传，不可考了，如调寄"亡儿"、"朝鹿"、"百合"等，诗9, 22, 45。

《诗篇》之诗，按内容体裁，大致可分三类：颂、哀歌、感恩诗。颂的对象，是至高者及其圣居，耶路撒冷的圣殿；诗人列举上帝创世的伟绩，咏赞子民祈盼的救恩。哀歌，则是向天父倾诉苦情，悔罪或申辩无辜，进而表白申诉者个人或全体会众的信仰。感恩，常用作颂与哀歌的结尾，在感恩诗却是贯通的主题。一般做法，先铺叙作者自己或亲人安渡难关、喜迎丰收，抑或子民入囚而获救，然后引出圣史的教训，及对救主的礼赞。此外，根据歌咏的场合或功能，亦可另作划分。比如劝勉学习圣法、行正道求智慧的，归于智慧文学；描写君王加冕、受膏登基的，算作宫廷庆典之作。传统上，献祭牺牲，圣所执礼，均有专门的歌乐，摩 5:23，一如子民守节，耶京朝圣，也有各样歌舞，士 21:21，撒下 6:5。

全书的结构，比照《摩西五经》，也分五卷，1–41, 42–72, 73–89, 90–106, 107–150，各有颂辞收尾。所存诗歌，从大卫王（前 1010—前 970 在位）至波斯时代，跨越了六个世纪。主体却是大卫之子所罗门（前 970—前 931 在位）之后，犹大王朝的作品，所以对圣殿祭祀和锡安的荣耀，讴歌不止，念念不忘："谁能登攀耶和华的山／谁能在他的圣所驻足？……城门哪，抬起你们的头来！敞开呀，一扇永恒之门／恭迎荣耀之王"，24:3 以下。"啊，上帝在犹大被认定／以色列光大圣名！他的帐幕立于撒冷／居所建在了锡安——那儿，他折断强弓的飞焰／争战的盾牌与利剑"，76:1–3。

下面这首《圣名颂》，虽然简短，不事修饰，却气势宏伟，意象鲜明；而且，在颂扬耶和华的绝对主权的同时，暗示了造主与"区区人子"之间，充满张力的"上帝之爱"。

（大卫赞歌，交与乐官，迦特琴伴奏）

耶和华啊我们的主
多么威严，无所不在你的圣名！

重霄之上你的尊荣有人赞颂，
[2] 小童乳儿一齐开口，做你的干城
直面敌手——叫那些恨你的人
通通覆灭，不得报仇！

[3] 每当我仰望你指头缔造的天穹，
你安放的月亮和群星——啊
[4] 人算什么，你竟然关心他
区区人子，你竟然眷顾他？

[5] 竟然抬举他，乃至稍逊神灵
而以光荣与尊严为他加冕，
[6] 让他主宰你的亲手所造
把芸芸万物置于他脚下——

[7] 牛羊家畜，山野的兽
[8] 空中的飞鸟
海里的游鱼，
所有巡弋大洋的水族。

^{9} 耶和华啊我们的主

多么威严,无所不在你的圣名!

注释

题记: 大卫赞歌,mizmor ledawid。史称大卫善琴诗之艺,撒上16:18,乃是"雅各的上帝膏立,以色列赞歌的宠儿",撒下23:1。《诗篇》之诗,归在大卫名下的(但未必是他的作品),计有七十三首。圣所祭礼设置乐官,menazzeah,负责训练乐舞或领唱,是大卫王建立的制度,代下25。书中标记"交与乐官"者,共五十五首,或是经过乐官整理而传世的。迦特琴,gittith,或指曲牌。迦特曾是非利士人的重镇。

8:1 威严,'addir,七十士本:高妙。无所不在,直译:在整个大地。赞颂,tinnah,校读从圣城本注。原文:给,tenah。

8:2 干城,`oz,或作(你建)大力。恨你的人/不得报仇:极言圣名伟力。此节晦涩,或取材于失传神话。

8:3 指头:兼喻大能,出8:15注。仰望天穹/月亮和群星:反衬人类之渺小,伯7:17–18。

8:4 关心他,tizkerennu,或作惦念他。人子:人,特指或泛称,人类,结23:2注(《两姐妹》)。此节两短句同义重复,作一停顿,打断"语义运动"的节奏而表惊叹,十分有力(奥特,页150)。

8:5 神灵,'elohim,上帝,众神或天庭神子,一词多义。光荣与尊严:对应耶和华的威严同尊荣,上文1节,96:6, 104:1。人的形象脱胎于神,分享其智慧意志,创 1:26 注。

8:6 主宰 / 万物:三界生灵受神与人子双重的"主宰",但人的统治其实是依据圣名"授权",即上帝给挪亚父子的祝福,创 9:1–7。

8:8 巡弋大洋的水族,直译:巡游诸海之路的。套喻,指水族。

8:9 叠句结尾,重申圣名,祈子民自尊,仇敌溃败。

牧人
《诗篇》23

此章节奏流畅,诗句长短有致,一气呵成而不拘于平行对应(参《智慧书》译序)。虽托名大卫,但内容风格皆指向较晚的年代,或是犹大覆亡,子民入囚巴比伦期间的作品。诗人咏"牧王"上帝亲率以色列"重出埃及",写义人对救主的祈盼与信靠;思想上可见"第二以赛亚"的影响,仿佛响应先知所传"耶和华之言":

悦纳之时,我应允了你 / 拯救之日,我佑助了你……我要变众山为通衢,把大路筑高。看哪 / 他们从远方走来,从北面,从西海,还有 / 从阿斯旺的大地!赛 49:8–12(详见《以赛亚之歌》)。

(大卫赞歌)

耶和华是我的牧人
我一定不会贫乏。
² 草场青青,他让我躺下

又领我去到休憩之水

³ 让我的灵苏醒。
　他引我踏上公义之途
　——显他的圣名。

⁴ 纵然走进死影的幽谷
　我也不惧险恶，因为有你
　在我身旁：你的牧杖和拐棍
　便是我的慰辑。

⁵ 就在我的仇敌眼前
　你为我摆开筵席；
　又以新油为我膏首
　使我杯爵满溢。

⁶ 追着我的，惟有慈爱与幸福
　在我一生的每一天；
　当我入住耶和华的殿宇
　日日化作永远！

注释

23:1 　牧人，ro`i，古代近东文学中常喻王权，诗 80:1，结 34:2。不会贫乏：既表信仰与希望，又不回避现实——忠信之途多困窘，一反传统智慧，箴 28:22。

23:2 草场 / 躺下：以羊群自喻。休憩之水，me menuhoth，钦定本意译：静水之畔。

23:3 灵，naphshi，气、喉，转指生命，整个的人，结 23:18 注（《两姐妹》）。苏醒：因翘盼救恩而去困乏，而"精力复生，如雄鹰出翎"，赛 40:31。

公义之途：喻遵从圣法，相对异教歧路，18:21。一显他的圣名，lema`an shemo，为圣名故，意谓天父指引子民，昭示其博大之神性，31:3。

23:4 死影，zalmaweth，常喻灾祸之恐惧或阴间，伯 3:5 注。

拐棍，mish`an，较牧杖短，头包铁，牧人防身用，创 32:11。

23:5 仇敌眼前 / 摆开筵席：回想子民在荒野中，曾屡受上帝赐食护佑，出 16。但这一次，也是最后一次，耶和华设宴，是在痛击并擒住顽敌之日。

新油膏首：橄榄油抹头洗脚，是近东待客古俗，92:10，路 7:46。杯爵，kos，双关暗示福分、命运，赛 51:17，结 23:31，诗 11:6，太 20:22。

23:6 幸福，tob，兼指善、美、福祉。"追兵"已灭，守约执义者得福，申 28:2。

耶和华的殿宇：隐喻迦南福地，非指耶京圣殿，耶 12:7。日日化作永远，直译：日日之长。

雷声
《诗篇》29

此诗跟前两首一样,也题作"大卫赞歌"。语汇风格古朴而雄健,属于《诗篇》里年代最早的作品之一。通说其"底本"出自迦南雷神巴力的乌迦利特语颂歌,希伯来诗人取"拿来主义",改编了用于秋季入仓节/住棚节的祈雨、感恩,出23:16,利23:33以下。

一说诗人的借用,暗示巴力的种种能力皆为耶和华所攫取,教义立场类似先知以利亚在果园山斗法的故事,王上18(《寂静之声》导言),故而可归于北国的传统。这也是一种推测(库格尔a,页72)。

(大卫赞歌)

全归耶和华:众神子呀
荣耀与大力,全归耶和华!
² 全归耶和华,圣名之荣耀
敬拜耶和华,璀璨而圣洁!

³ 耶和华之声降临大水,荣耀之上帝雷鸣

耶和华来到洪涛之上:
⁴ 耶和华一声,展现大能
 耶和华一声,何其辉煌!

⁵ 耶和华一声,雪松折断
 啊,耶和华劈碎了黎巴嫩雪松;
⁶ 惊起的黎巴嫩像一只犊子
 西连山如小野牛乱蹦。

⁷ 耶和华一声,凿出根根火矛
⁸ 耶和华一声,荒野发抖
 啊,耶和华震撼了加迪斯荒野;
⁹ 耶和华一声,母鹿落胎
 森林脱净黄叶。

于是殿上齐呼:荣耀啊荣耀!
¹⁰ 耶和华脚下,洪流漫漫
 耶和华高坐,永世为王——
¹¹ 愿耶和华恩赐子民以勇力
 愿耶和华祝福,子民平安!

注释

29:1 众神子, bene 'elim, 众小神、天庭使者，或美称圣民，诗 82:1, 89:5–7, 参出 15:11 注（《凯旋之歌》），伯 1:6。

29:2 璀璨而圣洁, behadrath-qodesh, 或如七十士本及古叙利亚语译本：在他的圣洁之院。另读如乌迦利特语颂诗：当圣者出现。

29:3 耶和华之声/雷鸣：雷/声互训，出 19:19，赫赫圣威，赛 30:30。
大水/洪涛：回放太初之混沌、黑暗，创 1:2。

29:4 （何其）辉煌, behadar, 同上文 2 节"璀璨"，形容闪电。

29:5 雪松：以其高大挺拔反衬神力之巨，37:35，80:10，赛 2:13。

29:6 西连山, siryon, 又名黑门，黎巴嫩南疆高峰，申 3:9。

29:7 火矛, lahaboth, 火焰、刀刃枪尖，喻闪电，哈 3:11。

29:8 加迪斯, qadesh, 本义神圣（绿洲），在誓约井西南 90 公里处，又名审判泉，创 14:7，民 13:26 注。雷暴自北方的黑门峰直下南地荒野。

29:9 母鹿, 'ayyaloth, 另读橡树（摇摇）, 'eloth。至此共七声雷霆，大能尽现。

殿, hekal, 兼指天庭圣所，及其人间的摹本，福地圣殿，拿 2:5 注（《大鱼》）。

29:10 脚下洪流漫漫：恶势力降服，联想挪亚方舟与彩虹之约，创 9:9 以下，赛 54:9。

29:11 赞歌以祈祷结束，子民获勇力而平安。圣名连缀，五阕一十八次。

牝鹿

《诗篇》42–43

哀歌,写子民亡国入囚之痛,思念圣殿之苦。编在卷二第一首,误分两章。学者归于所谓"上帝集"(the elohistic Psalter),诗42–83,因其中多以"上帝",'elohim,称以色列的唯一神,而不像卷一,诗1–41,直呼圣名("耶和华")。

(寇腊裔训诲诗,交与乐官)

像牝鹿渴望着清溪,
我的灵思念你
啊上帝!

² 她渴念上帝,我的灵,
永生的上帝!究竟何时
才能朝见你的圣容?

³ 白天黑夜,我眼泪当面饼咽

他们终日拿我讥讽:
你的上帝呢,在哪?

⁴啊,想起来我仿佛泼了灵:
从前我如何去到至尊者的帐幕
如何步入上帝的殿宇,
载歌载舞,一片颂歌——
守节的人真多!

⁵我的灵哪,为什么垂头丧气
何故烦躁不安?
你应该盼望上帝!
而且我还要赞美他
常在之救恩,⁶我的上帝。

每当我的灵垂头丧气
我就想你:从约旦河源与黑门峰
从那座小山,想你。

⁷深渊对深渊呼叫
应和你飞瀑轰鸣,你的怒涛
涌起,盖过了我的头顶。

⁸白天,愿耶和华布施他的慈爱

夜晚，他的歌与我同在
向永生的上帝祈祷。

⁹ 我要问问上帝，我的磐石：
你怎么就忘了我？到处仇敌压迫
令我服丧，为什么？

¹⁰ 好似砸碎我的骸骨
那些仇家成天冲我辱骂：
你的上帝呢，在哪？

¹¹ 我的灵哪，为什么垂头丧气
何故烦躁不安？
你应该盼望上帝！
而且我还要赞美他
常在之救恩，我的上帝。

四三

上帝呀，求你为我申冤
向亵渎之民讨还公道，
救我摆脱欺诈和不义之徒！

² 你是我的上帝我的堡垒，
你怎么就抛弃我？到处仇敌压迫

令我服丧，为什么?

³ 求你降示你的光明与真理，

　请它们指路，领我前往

　你的圣山，你的居处——

⁴ 让我走近上帝的祭坛

　来到赐我欢乐的上帝面前：

　我要弹琴把你歌颂，上帝啊我的上帝！

⁵ 我的灵哪，为什么垂头丧气

　何故烦躁不安？

　你应该盼望上帝！

　而且我还要赞美他

　常在之救恩，我的上帝。

注释

题记：　寇腊裔，bene qorah，寇腊是利未人，后裔负责看守圣所，代上 9:19, 26:19。乐官：见诗 8 题记注（《圣名颂》）。

42:1　　牝鹿，'ayyeleth，从传统本注。原文：公鹿，'ayyal。灵：阴性名词，提喻整个的人，23:3 注（《牧人》）。下同。

42:2　　朝见圣容：兼指朝拜圣殿，生活在上帝面前，11:7, 17:15, 27:8。你，从古叙利亚语译本。原文：上帝。

42:3　眼泪当面饼咽：形容亡国入囚之痛，80:5, 102:9。他们：指压迫者、敌族，79:10, 115:2。

上帝在哪：敌人嘲笑子民，耶和华还不出手，抑或竟无力救援？22:8，太 27:42–43。下同。

42:4　泼了灵：成语，极度悲伤状，35:12，撒上 1:15。

至尊者的帐幕，besok 'addir，校读从传统本注。原文费解：率众人行进。人真多，hamon，兼指喧声。一年三次，子民集合于圣所守节，出 23:14 以下。

42:5　烦躁不安，直译：对我烦躁。常在，panay，直译：我面（前）。从诸抄本、七十士本及 11 节。原文：他面。

42:6　约旦河源与黑门峰：或指诗人流亡之地，29:6 注（《雷声》）。小山，har miz`ar，即锡安，2:6, 43:3。另说指河源某山。

42:7　怒涛／盖过头顶：陷于危难状，洪水常象征灾祸，32:6, 69:2，拿 2:4 注（《大鱼》）。

42:8　永生，从诸抄本及上文 2 节。原文：我的生命。

42:9　磐石：喻上帝、神明，申 32:15 注（《摩西之歌》）。到处，'elek，直译：走（丧）。

42:10　好似，从少数抄本及西玛库本。原文：在／当。

42:11　此节为叠句，重复上文 5 节。

43:1　此章误分，实为哀歌《牝鹿》之第三段。亵渎，lo'-hasid，直译：不虔敬，常指敌族。

43:2　我的堡垒，ma`uzzi，另读如七十士本：我的力量，`uzzi。熟语，

	31:2, 4, 37:39。此节变奏 42:9，但加重了语气：变"忘了"为"抛弃"，88:14。
43:3	光明与真理：拟人，仿佛上帝派遣使者。参 25:21, 57:3。
43:4	赐我欢乐的上帝，或作：上帝我的欢乐。
43:5	叠句收尾，42:5, 11。

耶和华为王
《诗篇》93

颂诗,选自卷四,咏至高者为王,行使其绝对主权。传统本无题记,但七十士本有:大卫赞歌,唱安息日前夕入居大地。指创世第六天,上帝造兽畜爬虫与人类,称好赐福,命其繁育,创 1:24–31。

耶和华为王,威严为衣
威严耶和华,他腰束大力。

于是世界奠定,不可动摇;
² 你的宝座自亘古矗立
无始亦无终,是你。

³ 涌起了洪波,耶和华,
涌起了滚滚洪涛
涌起洪流怒号!

⁴ 盖过大水的喧嚣

胜于汪洋巨浪之威力，

啊耶和华，至尊至高！

⁵ 你的誓约绝对可靠

你的殿宇极美而归圣，

啊耶和华，永日而永恒。

注释

93:1　威严耶和华，直译：耶和华（威严为）衣。腰束大力：形容勇士，18:32，伯 38:3。

奠定：造主分大水，立地柱，24:2，104:5，伯 9:6 注。

93:2　矗立，nakon，同上句"奠定"。无始亦无终，是你，直译：从永恒，你。

93:3–4　此二节写上帝降伏混沌大水，77:16，89:9。参阅 29 章（《雷声》）。

93:4　胜于，mi，校读。原文作"威力"的复数词尾，-im。

93:5　誓约，`eduth，证据、证言，特指摩西所传约版十诫，出 16:34；转指圣法，神的主权之基石，78:5，119:2。可靠，ne'emnu，坚固，可依靠。

（殿宇）极美而归圣，na'awah-qodesh，所罗门迎约柜入圣殿，获上帝祝圣，王上 9:3。末二句或如钦定本：圣洁永合你的殿宇，耶和华。

扭断

《诗篇》126

感恩诗,年代较晚,作于波斯居鲁士大帝敕命释囚(前538)以后。由追忆巴比伦解放,子民回返福地,1–3节,转而祈求末世救恩,以丰收象征。

(朝圣歌)

当年耶和华为锡安扭断囚锁
我们仿佛在梦中!
² 接着就笑得合不拢口
舌头只晓得欢歌。

而后列国纷纷赞叹:耶和华
为他们造下何等伟绩!
³ 是呀何等伟绩,耶和华为我们,
直让人欣喜若狂!

⁴ 求求你，耶和华，扭转我们的命运

一如南地的枯河重流；

⁵ 让洒泪播种的

收获欢歌——

⁶ 他去时一步一哭

背一袋谷种；

回来，他一路歌唱，

沉甸甸的麦穗！

注释

题记： 朝圣歌，shir hamma`aloth，《诗篇》共收十五首，诗 120–134。通说为子民登圣城守节，路上所唱。

126:1 囚锁，shebuth，囚、苦。另读：回归，shibah，摩 9:14。梦中：虽有先知预言，但解放的喜讯来得突然。

126:2 笑得合不拢口，直译：笑满我们口。伯 8:21。

列国纷纷赞叹：也是见证耶和华的伟绩与救恩，加入锡安的"旭日之辉煌"，赛 60:3。

126:4 命运，shebuthenu，囚、苦，14:7 注。同上文 1 节。枯河重流，'aphiqim，十月秋雨，干涸一夏的季节河涨水，是来年丰收的保证。

126:5 收获欢歌，直译：在欢歌中收获。参赛 25:8–9。

126:6 一步一哭：形容以色列入囚，意象同耶 31:9。一袋，meshek，拖、拉,无定解,从犹太社本。

沉甸甸的麦穗,直译:背着他的麦捆。

孩儿
《诗篇》131

此诗仅三节,托名大卫。头两节,诗人("我")向耶和华表白信仰,用一个生动的明喻,由"心"而"眼睛"而"灵",长短节拍交替,讲述自己戒除骄傲和非分的想法,变得谦恭恬静。收尾则按"朝圣歌"的程式,转而道出全体子民的心愿,诗130:7。

鉴于小诗风格柔婉,尤其以断奶的孩儿依偎母亲设喻,温馨感人,学界多倾向于作者为女性的假设,誉之为《诗篇》中"一颗被忽略的宝石"(《皮氏圣经评注》386b,《宽宽信箱》,页104–106)。

(朝圣歌,属大卫)

耶和华啊,我的心不骄傲
我的眼睛不高;
那些大事超出我的能力
奇巧,我不敢奢求。
² 不,我的灵已平和已安宁,
宛若断奶的孩儿

偎在母亲怀抱，我的灵

仿佛那孩儿恬静。

³ 愿以色列把耶和华翘盼

从今天直至永远。

注释

131:1 　眼睛不高: 形容卑微、恭顺，诗 18:27。

　　　那些大事 / 不敢奢求，直译: 不走在大事奇事里，超出我的（能力），mimmenni。

131:2 　平和 / 安宁: 如孩儿入睡，自然引出"偎在母亲怀抱"的意象；联想天父自比人母，赛 49:15, 66:12–13。

　　　我的灵 / 恬静，直译: 我的灵在我内 / 怀中，`ali。

131:3 　末节落脚在子民对救主的翘盼，祈愿以色列如婴孩安息，"宁静而信靠"，赛 30:15。

古训

《箴言》22:20–23:35

《箴言》三十一章，托名所罗门传世，箴 1:1, 10:1, 25:1。盖因史载"大卫之子"蒙上帝赐福，智慧极高，无人能及，曾作箴言三千、歌千又五首，王上 5:9–12。放在古代近东智慧文学的大背景上，比较研究其内容形式，则可大致确定为所罗门以降，历代"智者训言"的汇编。有世代相传民间智慧的提炼，也有宫廷书记服侍君王的经验之谈，还有源于埃及和迦南、翻译或改写的格言。最后编订成书，学者推测，已是巴比伦之囚以后，即波斯时代了。

箴言，mashal，本义相像、比较，转指比喻、格言、预言、讽喻，1:1 注，民 23:7，赛 14:3，诗 49:4。一般是两短句一联，在语义句式同重音节奏上，形成某种平行对应的关系，如："手懒贫苦近 / 手勤富贵来"，"祥福冠义人 / 恶口藏凶信"，"财富是富人的坚城 / 贫穷是穷人的末路"，10:4, 6, 15。数联缀合，又能容纳处理较为复杂的思想，调动更多的修辞手段；例如这二联（四短句），对比智者惜言与蠢人不语，颇具反讽的意味："博学之人寡言 / 得悟性者冷静。蠢人沉默可充智士 / 闭上唇——好个明辨人"！17:27–28（参阅《智慧书》译序）。

箴言集，mishle，原是古人用来教育子弟的读物，故而看问题多取家长 / 男性的视角。所以，贤妻是福，誉为"丈夫的冠冕"，12:4, 18:22；但"甜言蜜语的淫妇"或"番女"，就反复讲她的危险，要年轻人"天真汉"当心防范，2:16, 5:20。恰好几个重要概念都是阴性名词，"智慧"，hokmoth，"悟性"，tebunah，"觉悟"，binah，便拟人作了让受教者爱慕、思念的佳人："寻她似寻白银 / 觅她如觅宝藏——那么，你就会懂得要敬畏耶和华 / 发现什么叫认识上帝"，2:4–5。

读过历史书、先知书和《诗篇》，再观《箴言》就会发现，后者是完全不同的"性格"。既不说亚伯拉罕、摩西、大卫与上帝立的信约，对圣城和圣殿，对子民的死敌亚述、巴比伦，也不置一词。从头至尾只有一句，2:17，提到淫妇"把上帝的约扔在脑后"。而那"约"字，实际是借喻，指"番女"或娼妓违犯了"不可奸淫"的诫命，出20:14。

书的结构，一至九章犹如序曲，记一位父亲给儿子的忠告，穿插了"智慧"的儆戒跟吁求，带有埃及训诲诗的色彩。书的主体或最早的内核，题为"所罗门箴言"，10–22:16。之后另辟五章"所罗门集续编"，25–29，"由犹大王希士迦的人誊写"。可见至迟在希士迦朝（前716—前687），即先知以赛亚的时代，那些箴言已广为流传了。这两集"所罗门箴言"各有附录，即"古训集"及其续编，22:17–24:22, 24:23–34，并三组风格各异的箴言，"亚古尔集"，30:1–14，"数字格古谚"，30:15–33，"雷穆尔集"，31:1–9。尾声，是一首精巧的藏头诗"贤妻赞"，古人视为一则名喻，拟人歌颂"智慧"，31:10–31。

"智慧之始，在敬畏耶和华 / 认识至圣，便是觉悟"，9:10。箴言之智，就社会功能而言，大体是实用导向的。然而人的能力有限，世事艰难，无从预测——所谓谋事在人，成事在神，16:1 注。书中智者的教导，基本上是"善有善报，恶有恶报"的一路。比起《约伯记》的勇敢申诉、《传道书》的悲观质疑或《雅歌》的爱情至上，《箴言》

思想艺术就显得很"传统"了。

下面的选段出于"古训集"。跟之前"所罗门集"短小的对句相比，这些箴言略长，格式亦更为灵活。其中一部分，22:17–23:11，改编自埃及亚氏（Amenemope）训子格言（约前1100）。

[20] 我不是给你写过三十条
忠告传授知识，
[21] 教你懂得真确之言
如何妥当回复你的上司？

[22] 不可见人贫弱就抢占
城门口卑微的莫欺凌；
[23] 耶和华必为他们申冤
夺走掠夺者的命。

[24] 动辄发怒的不可结交
脾气火暴的，莫来往，
[25] 免得你沾染那恶习
你的灵中了圈套。

[26] 不可贸然与人击掌
莫为欠债的作保；

²⁷ 万一你无力偿付
　　你身子下的床都被人拿去！

²⁸ 界石古老，不可挪移
　　那是你祖宗所立。

²⁹ 你看那人，做事多勤快：
　　将来他要站在君王面前
　　而不会去伺候庸才。

二十三章
　　倘若你参加长官的筵席
　　注意，上首坐的是谁。
² 搁一把刀在喉咙
　　假如你停不住嘴；
³ 那些珍肴你勿贪吃
　　很可能只是骗人的诱饵。

⁴ 为了点钱财就精疲力尽不行
　　要明理，约束自己。
⁵ 你定睛看时，它已无踪影——
　　钱财会生出翅膀
　　像只老鹰，飞上天空。

⁶ 恶眼人的饭食，不要去碰
   便是珍肴，也莫馋。
⁷ 因为他的灵只替自己打算
   嘴上"吃呀喝呀"，心却在别处；
⁸ 你咽下的美味还得呕掉
   白说你一通客套。

⁹ 愚顽人耳边不可进言
   再高明的建议，他也鄙弃。

¹⁰ 寡妇的界石不可挪动
    孤儿的田地莫侵占，
¹¹ 因为他们的救主大能
    他必拿住你，给他们申冤。

¹² 你领受训诫要专心
    真知之言须侧耳听：

¹³ 管教孩童不可松弛
    打两下棍子，能出人命？
¹⁴ 好好使你的棍子
    可从阴间救起他的灵。

¹⁵ 孩子呀，如果你智慧在心

我的心会多么欣慰，
¹⁶ 我腰肾禁不住欢喜
　　当你启唇，句句正直。

¹⁷ 心，不可羡慕罪人
　　对耶和华要天天敬畏；
¹⁸ 如此才会有前途
　　你的希望就不致破灭。

¹⁹ 听着，我的孩子，你要明智
　　引领你的心走正路。
²⁰ 切勿跟酒肉之徒
　　那些好吃懒做的鬼混；
²¹ 因为醉汉老饕终必潦倒
　　贪睡，你会衣衫褴褛。

²² 要听养育你的父亲的话
　　母亲年迈也不可嫌弃。
²³ 真理买进，便不能卖出——
　　连同智慧教训和悟性。
²⁴ 多么快乐，义人之父
　　孩儿聪慧能不欢愉？
²⁵ 让你的父母也欢喜吧
　　让那生你的人幸福！

²⁶ 孩子呀，你把心给我
   眼睛望着我的道。
²⁷ 看，娼妓就是那深坑
   淫妇是一口陷阱；
²⁸ 像个强盗，她设下埋伏
   教男人一个个背信！

²⁹ 谁在喊痛，谁要哀鸣？
   谁在吵架，谁会叹息？
   谁无缘无故挨打
   谁两眼一片昏黑？
³⁰ 是那些贪杯不停
   还寻酒调香料的家伙！
³¹ 你别看那醇酿嫣红
   在杯中晶莹闪亮
   下咽又温润舒畅；
³² 末了，它要像蛇一样咬你
   如虺虫射出毒液。
³³ 你眼前将出现幻象
   你的心只知胡谵乱语；
³⁴ 仿佛躺上大海的浪尖
   又如睡在桅杆顶头：
³⁵ 他们打我？我怎么不疼？
   谁揍了我？我记不得了——

什么时候等我醒了

我再，再找酒，来喝！

注释

22:20　三十条，sheloshim，校读从传统本注。原文：前天，shilshom。亚氏格言有三十章。

22:21　上司，sholheka，派你做事的。以上为格言集小序，讲"忠告传授知识"的好处。

22:22　贫弱/莫欺凌：做人跟敬神的基本原则。城门口：召集百姓议事、听讼断案处，箴24:7，诗101:8。

22:23　必为他们申冤，yarib ribam，耶和华乃报应之主，23:11，出22:21–23，申32:35（《摩西之歌》）。

22:24　动辄发怒，ba`al 'aph，直译：怒气之主。参较13:20，德8:15。

22:25　沾染那恶习，直译：学他的路。

22:26　击掌：古俗，保人与债务人击掌，是立誓约的要件，6:1注，伯17:3。此阕（二节）亚氏格言无对应。

22:27　都，原文：为何。似误抄（抄重，dittography），从七十士本及古叙利亚语译本删。

22:28　界石/祖宗所立：界石标记各家田地，15:25。依照圣法，产业一经划定，任何人不得擅自移动界标。故先知尊重惯例，谴责豪强兼并土地，申19:14，赛5:8。

22:29　站在君王面前：例如做宫廷书记官，出人头地，诗45:1。庸才，

hashukkim，昏暗，转喻平庸。此短句或是补注。

23:1　长官，moshel，主子、统治者，6:7, 29:12，赛 14:5，诗 105:20。此阕讲官场宴饮的礼节，参德 31:12 以下。

23:2　搁一把刀在喉咙: 夸张。宴会戒贪嘴，是埃及格言常见的主题。停不住嘴，ba`al nephesh，直译：食欲/喉咙之主。参 22:24, 24:8 注。

23:3　（骗人的）诱饵，lehem，面饼、饭食，如下文 6 节。臣仆审慎用餐的理由之一。

23:4　约束自己，hadal，智者节制，下文 19 节。

23:5　老鹰: 亚氏格言作大雁。

23:6　恶眼，ra` `ayin，形容嫉妒、吝啬、狡猾，28:22。便是珍肴也莫馋: 同上文 3 节。

23:7　（替自己）打算，sha`ar，七十士本: 毛发，se`ar。无定解。

23:8　白说你一通客套: 讽刺。明知主人恶眼，却凑上去恭维他，终于"打了自己的脸"。

23:9　愚顽人，kesil，就道德诫命而言，尤指不虔敬，1:22, 14:7-8，诗 92:6。

23:10　寡妇，'almanah，校读/参 15:25 及亚氏格言，对应下句"孤儿"。原文: 古老，`olam。同 22:28。

23:11　救主，go'el，付赎金或报血仇的至亲，申冤者，此处指上帝，利 25:25，民 35:12，诗 19:14，伯 19:25。给他们申冤: 重申 22:23。埃及格言完。

23:12　此节过渡，下文风格节奏稍变。

23:13	打两下棍子：理同"棍棒底下出孝子"，13:24, 22:15，德 30:1 以下。
23:14	从阴间救起他的灵：意谓体罚有度，孩子不会因触罪而夭折。
23:15	孩子，beni，智者/老师呼学生为儿，是埃及训诲诗的传统，1:8, 4:1。
23:16	腰肾，kilyothay，古人视为情感意欲和直觉之官，耶 20:12 (《勾引》)，诗 7:9 注。
23:17	羡慕罪人：如见其富裕、成功一时，3:31, 24:1。
23:18	希望：婉言神恩，申冤者/救主的回报，上文 11 节。同 24:14。
23:20	酒肉之徒：酗酒，据摩西之律，也是不孝的表现，申 21:20。
23:21	贪睡，numah，戒懒惰，倡勤劳，6:6 以下。
23:22	听父亲的话/母亲年迈也不可嫌弃：尽孝乃圣法的诫命，19:26 注，出 20:12。
23:23	此节打断叙述，或是插入的。
23:24	聪慧，hokam，愚顽的反面，尤指敬畏上帝，23:9，上文 17 节。
23:26	你把心给我：犹言专心聆听。望着，tizzornah，另读喜欢，tiroznah。
23:27	娼妓，zonah，复指淫妇，即犯通奸罪的女人，22:14。陷阱，be'er zarah，窄井，谐音不贞/番女，zarah，2:16 注。
23:28	背信，bogdim，背离圣法的正道。参 7:10 以下。
23:29	哀鸣，'aboy，叹词，表示痛苦、沮丧。 （两眼）一片昏黑，hakliluth，形容烂醉，20:1。上接 21 节，此阕描摹"醉汉老饕"的丑态。
23:30	调香料：葡萄酒加入香料配制，9:2。
23:31	下咽又温润舒畅：一说此句化自歌 7:10。

23:32　虺虫，ziph`oni，大毒蛇、传说中的蛇怪，赛11:8, 59:5。毒液，rosh，原文无，从七十士本及通行本补。参申32:33。

23:33　幻象，zaroth，双关暗指番女（复数），上文27节注。

23:34　浪尖，直译：海心。喻晕船或遭遇风暴，诗107:26–27。桅杆，hibbel，或作缆、舵，无定解。

23:35　怎么不疼：醉鬼说疯话。七十士本句首插入：你会说。我记不得了，或如钦定本：我没觉得。呼应上文29节"无缘无故挨打"。

愚人画像
《箴言》26:1–12

箴言连缀，一幅绝妙的肖像画，选自"所罗门集续编"。

暑天雪，金秋雨——
愚顽人怎配享尊荣！
² 麻雀飞飞燕展翅——
无端诅咒，扑个空。
³ 马赶鞭子驴嚼环
愚顽人背脊吃棍儿。
⁴ 莫以愚昧答愚顽
当心你学成一蠢儿；
⁵ 愚顽只需答愚昧
免得他自视多聪慧！
⁶ 剁双脚，喝凶暴——
谁派个愚夫送口信。
⁷ 一似跛子晃废腿
愚顽人嘴上挂箴言。

⁸ 投石环索卡石子——

　　荣誉误赠了愚顽人。

⁹ 仿佛醉汉抓荆棘

　　愚顽人口里讲箴言。

¹⁰ 又如乱箭伤路人

　　请愚夫醉鬼做佣工。

¹¹ 像狗寻回呕物食

　　愚顽人一再干蠢事。

¹² 可见过卖弄聪明的自大狂？

　　连愚夫也比他有希望！

注释

26:1　暑天雪，金秋雨：以反常的自然现象设喻，为愚人画像。做法是上句起兴设喻，下句揭喻点题，箴10:26注。

26:2　无端诅咒扑个空：反言咒誓须慎重，民23:8。民俗，誓言出口即生效（被神听到），不得翻悔。

26:3　愚顽人：见23:9注（《古训》）。背脊吃棍儿：体罚一如劝诫，亦是"生命之道"，6:23。意同10:13，19:29。

26:5　愚顽只需答愚昧：正话反说，对应上节，揭示愚顽或亵渎者的两面。参较17:27–28。聪慧：见23:24注。

26:6　剁双脚，喝凶暴：形容后果惨痛，愚夫只会坏事。

26:7　晃，dallu，从传统本注。原文：吊，dalyu。愚顽人嘴上挂箴言：

	白说、无用；反言其与智慧无缘。同下文 9 节。
26:8	投石环索卡石子：意为石子投不出去，容易伤着投手。
26:9	醉汉抓荆棘：形容失去理智，乱来且危险。
26:10	路人，`obrim，从部分抄本移自下句。此节费解，或有讹。醉鬼，shikkor，校读从传统本注。原文重复：佣，soker。
26:11	像狗寻回呕物食：使徒引此句谴责异端与背教者，彼后 2:22。
26:12	卖弄聪明的自大狂，直译：人自视为智慧（化身），3:7。连愚夫也比他有希望：讽刺。同 29:20。

母亲的教诲
《箴言》31:1–9

"父命是一盏灯,母教是光明",箴6:23。母亲的教诲,torah,"是你头顶慈恩之花环 / 你颈上的金链",1:8–9,近东各族皆奉为传统智慧之源。这一点《箴言》多次论述,而末章所存"雷穆尔集",便是一篇难得的完整的母教,一部"仁慈之戒律",31:26。

玛撒王雷穆尔的训言,乃是他受之于母亲的教诲:

² 不,我儿,我的子宫所生
  我许愿得来的儿呀,别这样!
³ 别把你的精力都给了女人
  在君王祸水的身上伤神。

⁴ 雷穆尔呀,人君不可贪杯
  王公切勿嗜酒;
⁵ 怕他们滥饮而忘了法例
  让卑微者蒙冤屈。

⁶ 醇酿，只配那受死的人

　葡萄酒抚慰痛苦的灵；

⁷ 他喝了可一时忘却困窘

　不再记得自己的不幸。

⁸ 你应为哑巴开口

　替所有被遗弃的辩屈；

⁹ 开口，按公义断案

　给卑贱的贫苦人申冤。

注释

31:1　玛撒，massa'，北阿拉伯部族，圣祖与夏甲之子以实玛利的后裔，创 25:14；领地在迦南/巴勒斯坦以东，人称"预言"之乡，massa'，箴 30:1。雷穆尔，lemu'el（"奉献于神"），事迹不可考。

31:2　我儿，beri，亚兰语借词。此诗年代较晚。许愿：向神求子所许的愿，撒上 1:11（《汉娜的祈祷》导言）。

31:3　君王祸水，直译：毁君王的（女子）。（伤）神，derek，道，喻精神，对上句"精力"，谐音大腿/私处，yerek。一戒广置嫔妃，申 17:17。

31:4　原文重复"人君不可"，似误抄，删其一。嗜,'awweh，从传统本注。原文：或,'o。二戒贪杯。

31:5　卑微者，直译：卑微之子。蒙冤屈，wishanneh din，歪曲正义/判决。三戒枉法裁判。以下两阕劝爱护贫弱、公平执义。

31:6 醇酿，shekar，统称各种烈酒，利 10:9 注。受死的人，le'obed，死囚受刑，允许饮酒镇痛，可 15:23，太 27:34 注。

痛苦的灵，mare naphesh，指穷人，赛 57:15, 58:10，伯 3:20, 27:2，太 5:3 注（《九福》）。

31:7 困窘，rish，义者恒贫，国君如"牧人"理应关爱，诗 23:1 注（《牧人》）。

31:8 哑巴，'illem，喻贫弱。参观诗 72:2 以下。被遗弃，haloph，过去、消失。另读受苦，holi。

31:9 按公义/申冤：主持公道，乃君权神授或国王称受膏者/弥赛亚的基础，诗 72:2–4。而公义，按圣法，源于爱之诫命：爱上帝，爱邻人如爱自己，利 19:18, 34，申 6:5，太 22:39。

我的灵宁愿被绞死

《约伯记》7:11–21

好人约伯的故事是这样的:

约伯,'iyyob(词根谐音"受敌"),家住阿拉伯半岛西北、红岭南部,出 15:15 注(《凯旋之歌》),民 24:18 注(《比兰的预言》)。他不是以色列人,却"生性正直,敬畏上帝,远离恶事";并育有七子三女,拥家产无数。一年到头,按圣法规定,献祭没有一回落下或出错的。

可是天灾偏偏找上门来。忽一日,他的牛驴被强盗掳走,羊倌羊群遭"上帝的火"即雷击。十个儿女正在大哥家里宴饮,荒野里刮来一股狂风,房角摧折,把一屋子年轻人都压死了。原来,重霄之上,耶和华同一个神子撒旦在"打赌"。天父表彰约伯,"世上谁也及不上这个好人",'ish tam。撒旦不信——那时他在天庭担任检察官,尚未堕落为恶魔(《信与忘》,页 23),人子的恶行他见得太多了——说:若非上帝事事赐福,好人能够牛羊遍地? "你伸手动一下他的家人产业试试,他不当面赞美你才怪"(婉言/反言诅咒上帝),伯 1:8–11。圣言至真,不容不信,上帝遂把"凡属于约伯的"都交在撒旦手里,叫他"考验"好人的信仰:可怜约伯竟因福受祸,儿女奴婢都躺在血泊里了。

那受考验的表现如何? 他呆呆站起,撕破外袍,剃光头发,然后仆倒在地,苦苦拜道:赤条条我来自母腹/赤条条终归子宫;耶和华给的，耶和华拿去——愿耶和华的名受赞颂！1:20–21。

"世上谁也及不上这个好人"，上帝谕示撒旦，"你挑动我害他，无缘无故毁他，但他照样坚持做好人"。可是撒旦不信：人为了活命有什么不肯舍弃的？你伸手动一下他的骨头肉看看，他不当面赞美你才怪！于是，天父再一次把好人给了神子去折磨，让他周身长满毒疮，只好坐在炉灰里，捡了块碎瓦片在身上刮。妻子见了，恨恨道：还充当好人哪？你赞美上帝，死掉算了！约伯骂道：你怎么说话像个蠢妇！谁说我们在上帝手里，是只能得福、不该受祸的？2:3–10。

约伯有三位朋友，以利法、比尔达和祖法。他们听说约伯遭了大祸，赶紧前来吊唁，陪好人痛哭。而后，一起默默地坐下，七天七夜，直到约伯开口，诅咒自己的生日，向造主发出哀鸣、申诉与抗议。三位朋友却不能认同如此激烈的"赞美上帝"，安抚不了，便轮流同他辩论起来。无辜的有谁死于非命，以利法说，什么地方，又曾灭了义人？我只见过，那种恶的食恶／那播灾的遭灾——性命被上帝一口气吹灭／圣怒一动，恶人就完！4:7–9，箴22:8。所以，"真的，人被上帝教训，是有福。全能者的惩戒，请勿拒绝！损伤是他，包扎也是；创痛之手即医治之手"，5:17–18，申32:39。

这是摩西传统的善恶报应论，申7:9–10。然而，无辜已经死于非命，圣怒落在了好人头上，约伯"中的是全能者的箭矢"，6:4。他能不反驳朋友的指摘，甚而与上帝争辩？

¹¹ 所以，我不能缄口不言；
  灵中的积怨，我得吐露
  命里的苦楚，我要诉说！
¹² 难道我是海洋，是什么怪物
  值得你布下卫兵看守？
¹³ 每当我想：床是我的慰藉
  我的卧榻可以分担哀愁；
¹⁴ 你就用噩梦来折磨
  一次次异象，百般惊吓。
¹⁵ 啊，我的灵宁愿被绞死——
  死掉，也不要受这苦！
¹⁶ 我厌倦了，我不要长命。
  让我去吧，反正我的日子
  已是一口气似的空虚。

¹⁷ 人算什么，你这样抬举他
  这么放心不下，
¹⁸ 天天早上审察
  一刻不停地考验？
¹⁹ 几时你才能转眼不看
  放开我，让我咽口唾沫？
²⁰ 人的监护主呀
  我就是犯了罪，又与你何干？
  凭什么拿我当你的箭靶

让我做你的负担？

²¹ 为什么你不肯原谅我的违忤

免除我的罪愆？

快了，我就要卧于尘埃：

那时你再来寻觅，我已不在。

注释

7:11　灵中，ruhi，犹言心中。命，naphshi，喉、气、灵/生命之本，伯 6:4，创 2:7 注（《伊甸园》）。

7:12　海洋/你布下卫兵看守：借用近东创世神话，海洋/雌海龙，tiamat，被大神击败，赛 27:1，诗 74:13–14, 89:9–10, 93:3–4（《耶和华为王》）。你，指上帝。怪物，tannin，或作巨鲸、海龙，3:8, 9:13，创 1:21，拿 2:1 注（《大鱼》）。

7:14　噩梦/异象：包括凶兆、幻觉、梦魇等。

7:15　绞死，mahanaq，勒/吊死。受这苦，`azziboth，校读从传统本注。原文：骸骨，`azemoth。

7:16　不要长命：约伯恸极，求速死，但"厌倦了"不等于绝望。经文极少提及自杀，撒下 17:23。

　　　一口气似的空虚，hebel，叹人生空苦无常，诗 39:5, 144:4，传 1:2。

7:17　人算什么：大胆质疑，并反讽天父眷顾"抬举"人子的意图，戏仿诗 8:4–5（《圣名颂》）。

7:18　考验，tibhanennu，人神关系的一大难题，揭示神恩之悖论：上帝全知，无须"天天早上审察"；而好人或忠信者受苦，乃是替救主做见证，何须考验——如何考验而不成冤案？8:3，赛53:3（《以赛亚之歌·考验》）。

7:19　转眼不看：反讽。摩西有言，灾祸起于上帝藏脸，不理子民，申31:17, 32:20。

7:20　监护主，nozer，另读如古叙利亚语译本：造物主，yozer。犯了罪与你何干：人子的罪孽不可能滋扰天父；至高者掌握一切，超乎一切，12:10, 22:3, 35:7–8。

箭靶：约伯中了"全能者的箭矢"，"饮了它的毒汁"，6:4，化自申32:23。你的负担，从七十士本。原文：我的负担。

7:21　违忤／罪愆：修辞设问，即便一人触罪，也不应杀戮无辜。但实际上约伯坚称清白，9:20, 10:7（《人若同上帝争讼》）。

卧于尘埃：即下阴间，20:11，申32:22注（《摩西之歌》）。你来寻觅／我已不在：虽责怪上帝，仍想着被"寻"，获救，7:8。

人若同上帝争讼

《约伯记》9:2–10:7

接着，是比尔达劝说好人：难道上帝会裁判不公 / 全能者冤屈正义？假如你的子女犯了他的法 / 他当然要按罪状发落，伯 8:3–4。意谓约伯家遭此大难，也许是罪有应得，比如死者不慎触罪，或转承了亲族跟前辈的咎责，出 20:5–6。这是传统的分配祸福的团体责任原则（详见《政法笔记·所多玛的末日》）。

但约伯是天下第一的好人，是上帝亲口认定的，1:8, 2:3。他一言一行都依循正道，连一个念头一个眼神，也不会犯错，31:1，谈何连累家人？而且楔子说的明白：每逢儿子请客，宴饮过后，他总要派人关照他们行洁礼；自己则早早起来，替他们逐一献上全燔祭，说：就怕孩儿触了罪，心里没赞美上帝！1:4–5。所以，儿女不守圣法、冒犯至尊的可能性，是不存在的。更重要的是，随着人神关系的伦理演进，到了《约伯记》时代，先知已经发展了罪罚的个体责任原则："不可因子杀父，也不可因父杀子。各人只担自己犯的死罪"，申 24:16，耶 31:29–30，结 18。既然罪责自负，好人怎么会受苦呢？为什么，如在日常生活中所见，恶人的路条条顺达 / 越是欺诈的越安逸？耶 12:1（《为什么恶人的路》）。

这无情的现实，于一神教的教义，是一道永恒的难题。因为，若是善恶同源，万务归一，皆起于上帝创世、宏图预定，那普天下的苦难与罪愆,该由谁负责?

可是,三友人说来说去,还是那句话:当然,你还得向老辈人请教/据祖传的经验立身,8:8。约伯心里,却已经把至高者告上了他的天庭,要那高踞宝座的"听一听我的状子/留意我嘴唇的申诉"——我画押在此,请全能者回答! 13:6, 31:35。

² 不错,我明白,是这么回事:

 凡人怎能向上帝称义?

³ 人如果硬要同他争讼

 一千次指控,连一次也答不上。

⁴ 再聪明的心、再大的气力——

 谁能抗拒他,还安然无恙?

⁵ 他移山而群峰不知

 他一怒,则峻岭翻倒;

⁶ 他摇撼而大陆挪位

 根根地柱,震颤不已。

⁷ 他一声令下,太阳

 不复升起,星斗一一封闭;

⁸ 惟有他,能够铺展苍天

 踏住大海的脊背。

⁹ 座座星宿,狮子蠢人都是他造

 还有那驼群与南天诸宫;

¹⁰ 他的伟业，无从探究

　他的神迹，不可胜数。

¹¹ 啊，他经过我身边，我不会看见

　他悄悄走了，我也无法察觉。

¹² 对呀，他若来抢夺，谁能阻止？

　谁敢发问：你干什么？

¹³ 上帝发怒，他决不收回：

　他脚下匍匐的，是骄龙的喽啰。

¹⁴ 然而我——我就敢上前答辩

　斟酌措辞，同他争论？

¹⁵ 我纵然有理，也不敢主张哪

　只能哀求我的审判者开恩！

¹⁶ 从前我呼唤他便应答，可现在

　我不信，他还会垂听我的声音。

¹⁷ 他为了一根头发就害我

　无缘无故一再摧残；

¹⁸ 连喘一口气也不容许

　他让我吃尽苦头！

¹⁹ 论力量，自然他是强者；

　上公堂呢，谁又能传唤［上帝］？

²⁰ 即使能够称义，我的口仍会认罪

　尽管我完全清白，他照样判我堕落。

²¹ 清白？清白我反而认不得自己了：

这条命，我厌恶！
²² 所以我要说，好人恶人
其实是一回事——他一概灭除！
²³ 灾鞭突降，无辜横死，他
却在嘲笑人受"考验"。
²⁴ 当大地被交给恶人的淫威
那蒙上判官们眼睛的
如果不是他，是谁？

²⁵ 啊，我的日子比信使还急
匆匆飞逝，望不到幸福；
²⁶ 忽忽漂去，宛若轻舟
又好似老鹰扑向它的猎物。
²⁷ 即便我嘴上说，要忘却哀怨
换去愁容，强扮笑颜，
²⁸ 但一想到那无穷痛楚，就胆寒——
我知道，你不会承认我无辜！
²⁹ 反正我已定罪
徒自叫屈何苦？
³⁰ 虽然我拿融雪沐身
双手用碱水洗净，
³¹ 你还是把我扔进了粪坑
任我的衣裳将我嫌弃！
³² 然而，他不是我的俦类。

我无从答辩，或同他对簿公堂：
³³ 我们之间，没有人可以仲裁
没有一只手能将两造按下，
³⁴ 将他的权杖为我挡开
收起那恐怖威仪。
³⁵ 但是，我仍要直言，我不怕——
到底怎样，我心里明白！

十章

厌倦了，这条命我厌倦！
我要一吐心中的哀怨
让我的灵倾诉苦情。
² 我要上帝：先别定我的罪
告诉我，你指控我依据何在？
³ 难道虐待、唾弃了你的手工所造
让恶人的诡计得逞
你才觉得是"好"？
⁴ 难道你也是肉长的一双眼
只看到凡夫所见？
⁵ 难道你的日子也有尽时
年岁与常人无异？
⁶ 所以你才刻意挑我的过失
追究这样那样的罪行？
⁷ 其实你一清二楚，我根本无罪——

是呀，谁也逃不出你的掌心！

注释

9:2 　向上帝称义：即证明自己无辜。约伯回应友人以利法的批评，伯 4:17。

9:3 　争讼，larib，司法用语，照应下文 14 节以下。指控，化自上句"争讼"（一词两译），10:2，传 6:10。

9:4 　聪明的心 / 气力：此句解作写上帝（如钦定本），亦通。

9:6 　地柱：古人以为地下有柱，支撑着世界，38:6，撒上 2:8 注（《汉娜的祈祷》）。

9:7 　星斗——封闭：不再闪耀运行；想象圣怒之日降临，赛 13:10, 13。

9:8 　铺展苍天：仿佛立帐幕，赛 40:22, 45:12，诗 104:2。大海的脊背：暗喻海怪，下文 13 节。

9:9 　狮子蠢人，`ash kesil，通译大熊座和猎户座。驼群，kimah，一说为昴宿七星或天狼星，38:31–32。

9:10 　此节借自 5:9，以利法语。

9:11 　不会看见 / 无法察觉：对比"监护主"一刻不停的审察和考验，7:18（《我的灵宁愿被绞死》）。

9:13 　骄龙，rahab，海怪的别名，7:12 注，赛 30:7，诗 87:4。

9:14 　上前答辩 / 争论：上接第 3 节。

9:15 　有理也不敢主张：因耶和华既是被告，又是控方和判官。哀求开恩，'ethhannan，有苦难才有怜悯，神恩不容争辩。

9:16 　应答：即赐福。

9:17　头发，sa`arah，从亚兰语及古叙语译本。原文：风暴，se`arah。无缘无故：讽刺。其实有原因，只是约伯无从想象——假如知道，他决不会接受——天父与儿子撒旦各持一理，拿众人的生命"赌"输赢。

9:18　吃尽苦头：故自谓"苦灵"，3:20, 7:11，赛38:15，箴31:6注（《母亲的教诲》）。

9:19　[上帝]：原文（传）我。七十士本：他。

9:20　称义/认罪：地位悬殊，程序不公，只好承认诉讼失败。清白，tam，完好、诚实、正直，好人的品格，1:1注，创6:9，诗25:21，箴29:10。

9:21　认不得自己：已被折磨得不成人样，2:12，赛52:14。

9:22　好人恶人/一概灭除：道德秩序（包括信约）不存。此为经典的神义论难题，上帝藏脸，不答，35:13。参见传9:2–3。

9:23　鞭，shot，喻灾变，赛28:15, 18。嘲笑人受"考验"，massah，否定苦难是神对义人的考验。语出吵架泉故事，出17:7。

9:24　大地被交给恶人：暗示天父未能执义。淫威，直译：手。眼睛，直译：脸。末句道出"诉状"的主张，虽然约伯不知真相，灾祸实际是救主同意并授权的执法行为（详见《信与忘·约伯福音》）。

9:25　日子/飞逝：就幸福和希望而言，7:6。若说痛苦，则是度日如年：躺下时我想：多久才会天亮？起床则：几时才能天黑？夜来接着辗转，直至朦朦黎明，7:4。

9:26　轻舟，'oniyyoth 'ebeh，纸草茎扎成的快船，赛18:2。

9:28	你不会承认我无辜：驳友人说教，5:17, 8:6。你，指上帝。
9:29	叫屈，'iga`，直译：费力。
9:30	融雪沐身：白雪象征纯洁，诗51:7。
9:31	粪坑，shahath：坑。七十士本：污秽，rhypos。任我的衣裳将我嫌弃：反讽。清白，却落得污秽不堪，遭人唾弃。
9:32	他不是我的侪类：转第三人称，强调神的高不可及。
9:33	仲裁，mokiah，城门口断案的长老，赛29:21，摩5:10。一只手将两造按下：以手按住对方头，是宣示权威的姿势。
9:34	权杖为我挡开：权杖象征惩罚。七十士本：愿他将权杖拿开。
9:35	直言／不怕：敬畏上帝，不等于不辨是非。到底怎样我心里明白，直译：因我内中并非那样。即拒绝认罪。
10:1	这条命我厌倦：不啻诅咒受造的生命，9:21。此节变奏7:11–16（《我的灵宁愿被绞死》）。
10:2	你指控我依据何在，`al mah-teribeni，司法用语，呼应9:3。
10:3	得逞，hopha`ta，照亮，转喻惠顾、促成。 你才觉得是"好"：暗讽太初创世，上帝心里重复七遍的"好"字，tob，创1。
10:4	凡夫所见：讥全知者不知不察。参撒上16:7，人观外貌，神察内心。
10:5	年岁与常人无异：批永生者不懂生命的意义。
10:6	挑我的过失／追究罪行：反言公义不存，大能悬置，19:7, 23:6，耶12:1注。
10:7	根本无罪：不幸被好人言中了，1:8, 2:3。谁也逃不出你的掌心：讽刺，借《摩西之歌》中上帝语，申32:39。

巨兽与海龙

《约伯记》40:15–41:26

约伯反复申诉、抗议,乃至指控上帝"夺我公道",伯27:1,耶和华却没有立即回应。事实上,他拖了很久——他让约伯同三友人依次辩了三轮,至31章末。其间还打断叙事,插入一章"智慧颂",仿佛一段间奏,提示读者/世人,"敬畏我主即是智慧/远离恶事,便是觉悟",28:28。待辩论结束,朋友无话了,约伯向全能者发出最后的挑战,"将状子披在双肩,不,缠上额头做我的冠冕",31:36,救主仍旧藏脸不语——却让一个年轻人艾力胡,'elihu("他乃我神"),出场,愤愤不平,认为约伯他们四个都错了:或把义归了自己,或置上帝于不公,32:2–3,必须批判。他的观点无甚新意,态度却十分虔诚。批罢,还不忘添上一篇颂辞:看哪,上帝全能而至高;谁能像他那样教诲?谁可以规定他的路向/谁敢说:你做得不对? 36:22–23。

直到颂辞唱毕,耶和华才升起一柱旋风,"自旋风中答复约伯",38:1。倘若此时三友人跟艾力胡还陪着约伯,他们必定同好人一样,又惊愕又自卑,忙"把嘴捂上",不敢出声,40:4。因为天父所言,"奇妙"非常,远远超乎人的"悟性",42:3。约伯的指控,他不回答;三友人给他辩护,他也不表扬;艾力胡呢,他一字未提,仿佛刚才口若悬河地赞美上帝的那个年轻人,只是一条幻影、一口嘘气,诗39:6,传3:19。那旋风裹着乌云,电闪雷鸣,说的是:

我给大地奠基的时候,你在哪里?说吧,既然你通晓悟性,binah!是谁规定了它的尺度,你可知道?又是谁拉直的准绳?你可曾下到海洋的泉眼/在深渊的尽头漫游?抑或死亡之门曾为你开启/你见过死影的门卫? 38:4–5, 16–17。居然拿创世的大能和造主的伟绩,来蔑视人子,嘲笑好人,不理会受苦人的正当诉求——完全不像信约的上帝,不像替忠仆申冤的主!诗 43:1(《牝鹿》),箴 22:23(《古训》)。

约伯终于明白,人子是没有资格同天父论理的,更无法与之争讼。他唯一能做的,是学会忍耐,以"约伯之坚忍"求福,求扭转命运,42:10,诗 126:1, 4 注(《扭断》),雅 5:11。尽管现在,他一个苦灵的确配不上巨兽与海龙,"上帝的第一件杰构"。

是的,旋风呼啸,他"只好拒绝——只好坐于尘灰/而伤悲",42:6 注。

¹⁵ 不信,你看那河中巨兽

当初我造你也造了他。

他吃草像一头牛,

¹⁶ 蛮力却在他的腰胯

看,那肚皮隆起的肌肉!

¹⁷ 他尾巴硬似雪松

大腿上虬筋结甲;

¹⁸ 脊梁骨一节节铜管

四条腿四根铁柱——[19] 他当得起

上帝的第一件杰构!

惟有造主能对他抽剑,

[20] 不许他称霸群山

禁止与百兽游戏。

[21] 他静卧于刺莲之下

藏身在苇荡沼泽,

[22] 有莲叶为他遮荫

有柳树环绕岸畔。

[23] 看,洪水冲来,他一点不怵

哪怕约旦河淹到他嘴边。

[24] 谁能逮住他,罩起他眼睛

将木橛穿透他的鼻孔?

[25] 还有海龙!你能用鱼钩钓他

拿绳子捆他的舌头?

[26] 你敢以铁环穿他的鼻孔

取弯钩吊他的腮骨?

[27] 难道,他会向你哀告求饶

对你柔声曼语?

[28] 他肯与你立一张身契

一辈子做你的奴隶?

[29] 你能拿他当小鸟玩耍

拴根绳儿,逗弄你家小囡?

³⁰ 抑或他只是渔行的一宗买卖
　　　　可以售与迦南商人？
　　³¹ 你想用梭镖戳烂他的铠甲
　　　　往他脑门插一杆鱼叉？
　　³² 你敢摸他一个指头
　　　　就再也不会想跟他搏斗！

四十一章
　　　　这么样指望，纯是自欺欺人；
　　　　谁见着他，不丧魂落魄？
　　² 没有人敢逗英雄，惹他发怒；
　　　　谁能立于他的面前？
　　³ 谁可以冲撞了他而性命无虞
　　　　普天之下——谁敢？

　　⁴ 我还要表一表他的肢体
　　　　他的无与伦比的蛮力。
　　⁵ 谁可以剥去他的战袍
　　　　刺穿他的双层胸铠？
　　⁶ 谁敢撬开他面孔的巨门
　　　　排排利齿，多么恐怖！
　　⁷ 他脊背像是覆着盾牌
　　　　一面面用石印封起，
　　⁸ 鳞甲咬合，紧密无间

连气也不得透入；

⁹ 片片相扣，胶结一体

　了无一丝缝隙。

¹⁰ 他一个喷嚏白光四射

　张开双目，如黎明的眼帘。

¹¹ 他嘴里吐出支支火炬

　冷不防火星乱迸！

¹² 他鼻孔冒烟，好似大锅

　架在火上沸腾；

¹³ 他呼气可点燃煤炭

　火舌伸出血盆。

¹⁴ 他勇力蓄于颈脖：

　前行，有"恐惧"跳舞

¹⁷ 站起，则神灵战栗；

　击碎浪涛，看他们畏缩一团！

¹⁵ 他颈脖一层层垂皮

　仿佛铸就，不会摇晃；

¹⁶ 他的心，硬若岩石

　如磨盘座，又硬又沉。

¹⁸ 刀剑砍不进

　长矛刺不穿，

¹⁹ 铜兵铁刃，他看来

　不啻朽木干草。

²⁰ 弓箭撵不跑

投石变碎秸,
²¹ 棍棒当麦秆,标枪

　　嗖嗖,他只是冷笑!
²² 他腹下锋利如碎瓦

　　爬过之处,像钉耙梳泥。
²³ 他搅动深渊如拌沸鼎

　　大海翻滚,若香膏入锅。
²⁴ 他游过之路,粼粼波光

　　仿佛深渊露出了缕缕银发。
²⁵ 啊,生来无所惧,天下无双——
²⁶ 他一切傲物皆可藐视;

　　百兽之骄子

　　奉他为王!

注释

40:15　不信你看,hinneh-na',语气词,表祈使。河中巨兽,behemoth,兽,复数表大。一说此物原型为河马,象征原始之伟力。

40:16　腰胯:力量所在,熟语,申33:11,箴31:17,伯12:18。肌肉,sherire,七十士本:肚脐。通行本从之。

40:17　硬,yahpoz,犹太社本:挺立。另作弯下,无确解。大腿,pahad,一说借自古阿拉伯语。通行本:睾丸。

40:19　(第一件)杰构,darke,道路,转指作为、创造。反衬人作为受造物的卑微，否定人是上帝创世的目的、鸟兽虫鱼的主宰，创 1:26–28。参观箴 8:22。

惟有造主能对他抽剑：意谓巨兽无敌，不像别的动物受人类统治，创 1:28, 9:2。

40:20　大意从圣城本注。此节原文费解：群山为他出产，那里百兽游戏。

40:21　刺莲，ze'elim，鼠李科灌木，原产北非。学名：zizyphus lotus。

40:23　洪水：指雨后季节河涨水泛滥，诗 126:4 注。

40:24　原文脱"谁"，据传统本注补。木橛，moqesh，圈套、钩子。钦定本此处分章。

40:25　海龙，liwyathan，原始混沌之怪，相传能吞日乱世，与造主为敌，3:8 注，赛 27:1，诗 74:14。拿绳子捆他的舌头：一说此句应与 26b 对调。

40:26　铁环，krikos，从七十士本。原文：芦秆/苇索，'agmon。

40:28　身契，berith，契约、信约。一辈子做你的奴隶：暗示子民立约却未尽忠仆义务，终于国破家亡。

40:29　当小鸟玩耍：巨无霸"杰构"在耶和华眼里，宛如小孩的玩具，诗 104:26。

40:30　渔行，habbarim，合伙、商行。迦南商人：迦南为埃及与两河流域间商路枢纽，居民善经商。

40:31　铠甲，`oro，皮、革。一说此处原型为鳄鱼。

40:32　你敢摸他一个指头，直译：你的手掌加于他。

41:1　自欺欺人，nikzabah，或引申作徒劳。钦定本此节为 41:9。

41:2	逞英雄，'akzar，勇猛、残忍，30:21。立于他的面前：他，从诸抄本。原文：我。是基于教义（表虔敬）的改写。
41:3	冲撞了他而性命无虞，从七十士本。原文：冲撞我，必报还。谁敢，lo' hu'，没人敢，校读。原文：他（海龙）归我，li-hu'。
41:4	我还要表一表他的肢体，直译：我不沉默（对）他肢体。无与伦比，'en `erek，校读。原文讹：匀称之美，hin `erko。
41:5	战袍，pene lebusho，袍面，喻鳞甲。撒下 20:8。胸铠，siryino，从七十士本。原文：辔头，risno。
41:6	面孔的巨门：喻大口。
41:7	脊背，gewah，校读。原文：高傲，ga'awah。石，zor，另读：紧，zar。
41:9	了无一丝缝隙，直译：不可分离。
41:10	一个喷嚏白光四射：仿佛河马吐气，水雾在阳光下闪亮。黎明的眼帘，`aph`ape-shahar，形容破晓，3:9。
41:11	火炬／火星乱迸：源于雌海龙或海怪神话的描写。参观启 9:17–18。
41:12	沸腾，'ogem，从古叙利亚语译本。原文：芦苇／蒲草，'agmon。
41:13	血盆，直译：他的口。
41:14	有"恐惧"跳舞：拟人。从圣城本插入 17 节，以合叙事顺序。
41:17	神灵，'elim，钦定本：力士。另读波浪，gallim。他们畏缩一团，yithhatta'u，形容惊惶失措。
41:15	垂皮，mappele，恐怖全在细节——海龙站起，所以能看清楚他的颈脖。
41:16	心／又硬又沉：犹言冷酷无情。第 17 节移接 14 节。
41:19	铜兵铁刃／朽木干草，直译：他视铁为干草，铜为朽木。
41:21	棍棒，tothah，短棍、狼牙棒、飞镖、投枪，无确解。

41:22　腹下 / 像钉耙梳泥：似鳄鱼，腿短而肚皮贴地。

41:23　香膏入锅，merqahah，配香料、熬香膏的锅。

41:24　深渊露出了缕缕银发：拟人，形容大海泛起白沫的波痕。

41:25　生，直译：受造。

41:26　傲物，gaboah，高大、骄傲，赛 5:15, 10:33，传 5:7 注。百兽之骄子，bene-shahaz，喻猛兽，28:8。

我睡下了

《雅歌》5:2–8

《雅歌》,shir hashirim,"歌之歌",托名所罗门传世,王上5:12,实际上源于民间情歌或婚礼唱和之曲。此诗不颂上帝,通篇是热烈的世俗爱情。然而殉道者阿吉巴,Aqiba ben Joseph(?—132),拉比有言:千秋万代加起来,也抵不上《雅歌》降赐以色列的那一天;因为圣录篇篇圣洁,而《雅歌》至圣至洁!《犹太法典·双手篇》3:5。

传统上,经师教父神学家解经,皆以名喻象征来串解"歌之歌",将它看作一幕幕寓言,讲上帝同子民、基督和教会,乃至灵魂跟造物主的相爱或结合(如天主教思高本的"引言"及"寓意")。现代学界的主流,则回归诗句意象的"本义",认为《雅歌》是对迦南宗教的生殖崇拜的"祛魅",对纯洁的爱情与婚姻——男女蒙福而互相依恋"结为一体"——的礼赞,创2:24,歌7:11, 8:5注(以上引自《智慧书·释名》)。

《雅歌》成书的年代,因为诗中偶有亚兰语的表达,另有一两个古波斯语和希腊语借词,3:9, 4:13, 7:9,一般定在巴比伦之囚以后,公元前四至前三世纪间。但近东爱情诗传统悠长,可以上溯两河流域的祭神婚曲(前2000,甚至更古)。而《雅歌》的作者对感官情欲的意象与修辞的精巧把握,包括爱人以兄妹相称,也像是受了埃及情歌(前1300以降)的影响,1:2, 9, 4:9, 6:12注。

古人抄写经书,诗歌不分行阕,亦不划章节。现代译本的处理,多数把全诗按主题分为若干首短歌,或者读作一出情节连贯、不断变奏的诗剧。主角为一男一女,彼此倾诉着爱情。有温柔而机敏的对话,也有闺中独白和热烈的赞歌,还有姑娘的女伴,叫作"耶路撒冷的女儿"的合唱。拙译的结构,大致取法文圣城本的分野,但男女声及合唱、轮唱略作调整,将诗剧分为十幕或十歌,并引子、尾声和余音。

以下是第六歌。

[2] 我睡下了,心却醒着。
  听!是我的郎君在叩门:
  是我,妹妹呀我的亲亲
  开开吧,鸽子呀我的完人!
  我已是满头露珠
  发绺儿全淋了夜雾。

[3] 可我已经脱了内袍
  怎好又穿上?
  我已经洗过脚
  怎能再弄脏?
[4] 呀,郎君把手伸进了门孔
  我的心突突乱跳!
[5] 要不要起身

给爱人开门?
我摸到门闩的把儿
手上却沾了没药——
没药汁从我的指尖滴下!

⁶ 开了开了,我的郎君——
但是我的爱人,已经离去!
啊,我的灵跟着他的话
去了。我寻呀,寻不见他
我呼唤,他不回答。

⁷ 直至被巡城的卫兵撞上——
他们居然打我!
伤人不算,还抢了
我裹身的披肩——
这种人守我们的城垣!

⁸ 我恳求你们,耶路撒冷的女儿
如果你们遇见我的郎君——
不,什么也别说:
这爱,病得我好苦!

注释

5:2　睡下了，心却醒着: 回到第三歌场景，歌 3:1–4，再讲一段梦。郎君，dodi，爱人、情人，阳性名词，1:13, 16。

亲亲，ra`yah，女友、情人，1:15, 2:2，引郎君语。鸽子，yonah，昵称，形容少女温柔妩媚，1:15, 2:14。完人，tammathi，品行无瑕的好人，昵称，4:7。

满头露珠 / 淋了夜雾: 爱人在门外候立已久。

5:3　内袍，kuttanti，贴身穿的亚麻布袍，长及膝盖，连袖或无袖。脱了 / 穿上: 戏言。

5:4　门孔: 插木头钥匙的孔; 求爱者试图拨开门闩。我的心突突乱跳，从诸抄本。原文: 我五内为他激动。

5:5　要不要 / 开门: 读作问句，姑娘犹豫片刻。

手上却沾了没药，mor，双关: 爱人来访的记号，或新娘起身化妆，1:13。此句直译: 我手滴没药，指尖没药流上门闩把儿。

5:6　我的灵: 强调整个生命，诗 23:3 注 (《牧人》)。去了，yaz'ah，引申作 (因他的话而) 昏厥，亦通。

我寻呀，寻不见他: 同 3:1b, 2b。

5:7　巡城的卫兵 / 打我: 姑娘一人深夜上街，被士兵误作揽客的妓女。变奏 3:3。参箴 7:11 以下。

裹身的披肩，redidi，或作大面纱。

5:8　耶路撒冷的女儿: 诗剧的合唱队。叠句，如画外音，2:7, 3:5, 8:4。

不，什么也别说，或作: 告诉他什么? 姑娘害羞，欲言又止。

这爱，病得我好苦: 道出梦的起因，同 2:5。思恋成疾，也是埃及情歌常咏唱的。参撒下 13:2。

所罗门的姑娘

《雅歌》7:1–11

之前,第八歌是一首颂,青年(男声)再一次向心上人做热烈的表白:哪怕有六十位王后/八十名嫔妃,并宫娥无数/我也只爱一个——我的鸽子我的完人! 6:8–9。第九歌开头,姑娘出城,下到核桃园,像是要同爱人约会。葡萄藤发了芽否,她说,石榴树开了花不?那是准备为郎君"献上爱情"的隐喻,7:13(七十士本另有:那儿,我会把双乳献你)。于是恍恍惚惚,仿佛做梦,"不知不觉,我的灵/已把我送上銮舆/紧紧地,挨着我的主公",6:11–12。

良久,场景一转,"耶路撒冷的女儿"合唱队出场——下面的一幕,是写实还是姑娘梦中的婚礼舞乐、热吻和誓约?

合唱　回呀回来,所罗门的姑娘
　　　回呀回来,让我们好好打量!
　　　为什么要看她翩翩起舞
　　　两队人之间,所罗门的姑娘?

轮唱[2] 美呀,你踢踏凉鞋的舞步

主公的爱女!

你大腿柔滑似珠玉

巧匠手里的佳构;

³脐眼儿圆圆,宛然一盅

喝不完的添香醇酒;

小腹堆一堆麦粒

围起朵朵百合!

⁴你一对玲珑乳峰

有如孪生的小羚羊;

⁵颈子直直,若象牙造塔。

明眸,仿佛那"贵胄之女"

合石堡城门的池塘;

鼻梁,似黎巴嫩的了望台

俯瞰着大马士革。

⁶你头颅昂起,像果园山

缕缕秀发如披紫锦——

齐唱 让君王束手就擒!

男 ⁷美呀,我的亲爱

那么迷人,令我发狂!

⁸这婷婷丰姿好比一株海枣

籽粒饱满,你的乳房。

⁹我说:我要爬上这株美人

摘取她的枣儿串串!

卷四 圣录 215

愿你，乳头像葡萄甜甜
鼻息似苹果芬馨
¹⁰ 亲吻，如美酒温润——

女　润润地，流进我郎君的口——

男　安抚我的唇我的牙！

女 ¹¹ 啊，我属我的郎君
他，也把我依恋！

注释

7:1　　所罗门的姑娘，shulammith，美称新娘，对应第四歌"所罗门的銮驾"，歌3:7。一作书南女，服侍大卫王的少女，喻美人，王上1:3–4。

回呀回来：观众/合唱队有节奏的喊声。翩翩起舞/两队人之间：一说此句写婚礼上的"剑舞"，无定解。

7:2　　轮唱：此段"肖像"至7:6，归合唱队或"耶路撒冷的女儿"，数人轮唱较好。

踢踏凉鞋的舞步：由下往上，将舞者的体态一一说来。主公的爱女，bath-nadib，美称新娘，呼应6:12。

（大腿）柔滑，hammuqe，转弯，曲线流畅、柔滑。巧匠，'omman，

美称造主，箴 8:30。

7:3　脐眼儿，shorrek，婉称女阴。添香（醇酒）：加香料配制，箴 9:2，23:30 注（《古训》）。

小腹，bitnek，兼指子宫。一堆麦粒：状其丰盈，暗示多子。百合，shoshannim，埃及语借词，原指睡莲。或即红银莲花，2:1, 5:13 注。

7:4　玲珑乳峰/孪生的小羚羊：形容少女，同 4:5。参 8:8, 10（小妹"胸脯尚未长成"，自称"像双塔"）。

7:5　颈子/象牙造塔：套喻，参 4:4。合石堡，heshbon，死海东北大城，别号"贵胄之女"，民 21:25。大马士革，dammaseq，亚兰/叙利亚大城，在黑门山东面，4:8。

7:6　果园山，karmel，今以色列西北，海法市附近（《寂静之声》导言）。紫锦，'argaman，染料从海贝提取，价昂贵，箴 31:22。

君王：美称爱人，1:4, 12。齐唱结束赞歌。对照第五歌，姑娘"肖像"夸张而绚丽的修辞，4:1–7。

7:7　两位主角上场，对唱。亲爱，'ahabah，爱，阴性名词。

令我发狂，直译：在欢欣/狂喜中。另读如阿奎拉本及古叙利亚语译本：狂欢之女，bath ta`anugim。

7:8　海枣，tamar，椰枣，美女名，创 38:6，撒下 13:1, 14:27。

7:9　美人，直译：海枣。枣儿串串，sansinnayw，开花或结果的枝、梗，亚兰语借词。

7:10　亲吻，hikkek，上腭，引申作亲吻，5:16 注。

润润地，mesharim，正直，转指平和、温润，箴 23:31 注（《古训》）。

（安抚）我的唇我的牙，从七十士本。原文：众睡者的唇。睡者喻牙?无定解。

7:11　我属我的郎君:姑娘三申盟誓,2:16, 6:3。(他也把我)依恋,teshuqah,化自(并颠倒)上帝罚女人"依恋丈夫"的诫命,创3:16。

您去哪里，我也去哪里
《路得记》1:8–22

《路得记》的故事，发生在以色列的"士师"时代（前1200—前1030）。路得，ruth（"友爱"），是死海东岸摩押人的女儿。某年西岸闹饥荒，逃来一家希伯来人，父母带两个儿子。不久那父亲死了，儿子娶当地姑娘为妻，路得嫁了老二。一起生活了十年，不幸家里两个男人先后过世，路得和嫂子没有生育。婆婆娜奥米，na`omi（"美好/甘甜"），决定返老家伯利恒，beth lehem，劝两个儿媳回娘家，趁着年轻再婚，这样生活可有依靠。嫂子就拜辞了。但是路得不走，要侍奉婆婆，还指圣名立誓，至死不离，得1:17。

回到伯利恒，正值割大麦的时节，婆婆让媳妇去田边捡些麦穗来充饥。摩西之律规定，收庄稼遗落的谷穗，应留给穷人和外族，利19:9–10，申24:19–22。碰巧，路得拾穗那块田的主人叫波阿斯，bo`az（谐音"力中"），王上7:22，是婆家的亲戚，性格慷慨且颇有财力，'ish hayil, 2:1。他见摩押女儿弯着腰，跟在佣工身后，就吩咐下人不得难为她，也不要骂她。路得十分感激。一天下来，竟拾得一筐，'ephah（干量单位，约合公制10–20升），背回家给了婆婆。

娜奥米对波阿斯也感恩不尽：愿耶和华赐福与他，大爱不弃生者与亡者！一晃到了簸麦的夜晚，婆婆道：咱跟恩人不是近亲么？女儿呀，你也该有个着落了！说着，便要儿媳沐浴膏油，换一身衣服，去禾场找到恩人，远远站着莫露脸。待他收工，吃饱了睡下，再悄悄近前，掀开他盖脚的方袍，躺进去（脚，双关婉称羞处），出 4:25，赛 6:2。路得照办了。半夜，波阿斯醒来，吓了一跳：脚边躺了个女人！忙问：谁？是我，路得，您的婢女，她回答。请将衣裾盖了婢女吧（喻收房），申 23:1，结 16:8，恩人您有至亲之权！go'el，3:9，利 25:25，民 35:19。那波阿斯是个义人。摩押女儿不弃婆婆，贤惠能干，是全城传遍了的，他便有心娶她。遂留下路得，睡到天蒙蒙亮，怕外人看见，才叫她拿外衣包了六簸箕大麦，回家去了。

但娜奥米家在族中算来，另有一个比恩人更近的亲戚。所以波阿斯走到城门口坐下，等到那至亲路过，便唤住他；然后请城中十位长老也来坐了，商议赎买娜奥米家的田产。那至亲一听寡妇卖地，来了兴趣。可是当波阿斯提出，至亲之权对地也对人，赎者须收下摩押女儿，而且生子要归于她的亡夫名下，申 25:5–6，他就不愿意了。于是，众长老并城门口的人一同见证，波阿斯作为第二至亲，出钱赎地，迎娶路得为妻。

这事轰动了伯利恒，人人称赞波阿斯有福，贤妻得力，'esheth hayil，3:11，箴 31:10。耶和华打开路得的子宫，她怀孕诞下一子。四邻妇女都来向婆婆道贺，娜奥米把婴儿抱在怀里，做了他的养母。娜奥米得了个儿子！她们欢呼起来，还给那孩儿起名俄贝，`obed，意为耶和华的"仆人"——俄贝，即耶西之父，大卫王的祖父，4:16–17，赛 11:1 注（《嫩枝》)，太 1:5–6。

⁸娜奥米对两个儿媳说：你们去吧，各回各的娘家。愿耶和华恩待你们，就像你们恩待了亡者与我；⁹愿耶和华赐你们在新夫家里得安宁！说着，便亲吻她们。她们大声哭着，¹⁰说：不，我们一起走，回您的族人中去。¹¹娜奥米道：回去吧，我的女儿。干吗跟着我？难道我肚里还有儿子，给你们做丈夫？¹²回去吧，我的女儿。走啊，我老了，不会嫁人了。就算我说，还抱一线希望，今晚就嫁人，就生子，¹³你们能等他们长大？能守着不嫁人？啊不，我的女儿！我的命比你们苦多了，耶和华出手打的是我呀！¹⁴她们又放声大哭。[最后]娥帕与婆婆吻别，但路得不肯分开。

¹⁵娜奥米道：看，你嫂子回她族人和她的神那儿去了。你跟着嫂子，也走吧。¹⁶可是路得说：请不要催我走，扔下您一个人回去，因为——

　　您去哪里，我也去哪里
　　您在哪里过夜，我也在哪里过夜。
　　您的族人就是我的族人
　　您的上帝，即我的上帝。
¹⁷将来您死在哪里，我也死在哪里——
　　那里，就让我下葬。
　　愿耶和华发威，重重罚我
　　如果让我离开您的，不是死亡！

¹⁸娜奥米见她执意要跟随自己，就住口不说了。

[19] 于是二人同行，来到伯利恒。一进伯利恒，全城就传开了，女人们叽叽喳喳：呀，这是娜奥米？ [20] 娜奥米回答：

> 不要叫我娜奥米，叫我玛拉罢了
> 因为全能者待我好苦！
> [21] 我满满的出去，空空的回来
> 是耶和华的旨意——
> 但既是耶和华折磨，全能者降祸
> 为什么，你们还叫我娜奥米？

[22] 就这样，娜奥米偕路得，她的摩押儿媳，从摩押之乡回来了。她们抵达伯利恒，正是开始割大麦的时节。

注释

1:8　娜奥米，na`omi，意译可作甘婆婆。娘家：经文通常作"父家"，创38:11, 利22:13。以母亲指家，或暗示再婚，歌3:4, 8:2。

　　亡者：即已故的两个儿子。

1:10　您的族人，`ammek，亲族，以色列人。

1:11　女儿：爱称。波阿斯管路得也叫女儿，得2:8。参箴31:29，路8:48, 23:28注。肚里还有儿子/做丈夫：按叔嫂婚之律，小叔娶寡嫂，所生长子归亡兄，继承其家产名分，创38:8注，申25:5以下。

1:13　守着不嫁人：寡妇再婚生子，可提高社会地位，老来有依靠。

命苦，mar，名叫"甘婆婆"，反受了许多苦楚。

1:14　娥帕，`orpah，词根本义"背转身"，婆婆的长媳。路得，ruth，"友爱"，是二儿媳。

1:15　她的神：即摩押大神与战神，"征服者"凯魔，kemosh，民 21:29，王上 11:7。

1:16　过夜，talini，不说回婆婆老家伯利恒（"面饼屋"）居住，极谦卑。您的上帝即我的上帝：然而依圣法，摩押人不得入耶和华的会众，申 23:4。路得欲融入"老家"，惟有重新嫁人一途。

1:17　耶和华发威，重重罚我：常用咒誓语，王上 19:2 注（《寂静之声》）。

1:19　呀，这是娜奥米：一句话道尽辛酸。

1:20　玛拉，mara'，苦、苦命，呼应上文 13 节。甘婆婆不知命运扭转，摩押女儿蒙恩，即将苦尽甘来。

1:21　折磨，`anah，另作见证、谴责。

1:22　割大麦的时节：公历四五月间。收割，qazir，隐喻婚配生子。

定时
《传道书》3:1–22

此书题作"大卫之子耶路撒冷王传道人语录",传 1:1。"传道人"一词,qoheleth,源于"会众",qahal,解作会众召集人、布道者、导师。大卫之子耶京为王,不用说,是所罗门了,shelomoh(前 970—前 931 在位)。所罗门多才多艺,集财富智慧于一身;古人把《箴言》《雅歌》、次经《智慧篇》、伪经《所罗门诗篇》和《所罗门颂》等,这些时代不同、思想迥异的作品都归在他的名下。因而这部充满了哲思冥想的《传道书》也托名流布,就不奇怪了。历史地看,那正是"太阳下辛辛苦苦用智慧换来的果实",2:19,得以避免化作"一口嘘气"而消失的原因之一。

有趣的是,作者似乎不太在意托名的纰漏。因为书中真正用国王口吻讲话,仅有接着引子的一段,1:12–2:11。传道人说,他曾在圣城做以色列的王——那语气,仿佛一个白发苍苍的老人在追忆往事——"曾用心研究并以智慧探求天下发生的一切"。然而"智慧多了苦恼也多 / 增添知识者,平添忧愁",1:13, 18。于是他开始追逐"幸福","把肉身交与美酒,沉湎愚妄"。大兴土木,筑宫殿,辟园林;"除了聚敛金银,那些藩王及各省的珍宝,我还蓄养优伶,广纳嫔妃,极尽人间奢华"。但那些"成就"回头想想,"全是嘘气,是牧风,太阳下一无裨益",2:3–11。

之后，"所罗门"就不见了。话锋一转，王权官府一如财产荣誉，乃至人生幸福，成了诗人观察、批判的对象。"那继王位的，他能有什么成就？无非重复前人"，2:12。传道人像是平民出身的，他关心贫苦，哀叹社会不公："少年虽穷，若有智慧 / 就能胜过老迈愚顽 / 不听忠告的昏君：一个能从牢狱登上王位 / 另一个生来为王却沦于赤贫。"只是智者明白，民心似水而无常，那拥立新人、废黜旧王的，转眼就变了心。所以，"这，也是嘘气，牧风而已"，4:13–16。

《路得记》里，圣法之下，人人皆有明确的权益和责任，据以期盼神的报应，即祸福。同样，约伯虽是无辜受苦，他哀鸣抗议，可以要求上帝落实信约义务，不冤枉好人。而《诗篇》的耶和华，慈爱托起诸天，信实高于霄汉，更是"救恩常在"的公义之王，诗 36:5, 42:5（《牝鹿》）。可是《传道书》从头至尾，对信约圣法慈爱救恩，只字不提。那传道人的世界，跟藏起脸的造主一样，神秘、冷漠而悲凉。人碌碌一生，无论行善作恶，去处惟有一个，就是阴间。事实上，人子的命运与兽畜无异，"人有一死，兽畜亦然，都只有一口气"，3:19, 9:2。说是归救主审判，但既然"天下万务，各有定时"，立约守法便属于冗余，"许愿不还，不如不许"，5:4。所谓"幸福来自上帝之手"，行乐成善，皆"上帝的赐礼"，2:24, 3:13，是以神的不可知、"不能参透"为前提的。因此，"蒙福日好好享乐 / 遇祸时则应明白：祸福两端皆出于上帝 / 就是要让人看不清未来"，7:14。敬畏耶和华，原来只是信从一位作弄人的"一切隐秘"的审判者——太阳下，"常常义者落得恶人一般下场，恶人反而得了该给义者的报偿"——果然了无新事，1:9, 8:14。

这冷静悲观而质疑一切的精神，de omnibus dibutandum，实在是圣书里一个异数。不过，虽说"万事皆是嘘气"，1:2, 12:8，传道人却不是独善其身的那一类智士。按尾声描述，他平日为百姓传授知识，编撰箴言，还"不遗余力，忠实记录了真理之言"，dibre 'emeth。他的智慧，来自那"唯一牧人的赐予"（即神的启示），"好似[牧人驱赶牲畜用的]刺棍，带着会众导师敲进的一颗颗钉子"，12:9–11。

尾声，通说是作者弟子的补笔，回应由引子提出，全书反复吟咏、不断变奏的一个主题，关于幸福与美名的悖论："人记不得过去……一切，都要被后世遗忘"，1:11。

《传道书》的风格，文体杂糅，思路循环往复而不避矛盾，或是弟子编辑整理的结果。成书年代，一般指向波斯治下，因为书中有两个古波斯语借词，2:5, 8:11，及一些亚兰语化的表达（亚兰语是希伯来语的近亲，波斯帝国的"普通话"，参《人子》导言），但并无希腊语借词，也没有后来的希腊思想的影响。故保守的估计，倾向于波斯时代的中后期，公元前450—前330年。

凡事皆有限期，天下万务，各有定时：

² 生有时，死有时

　栽种有时，根除有时；

³ 杀有时，医有时

　拆毁有时，修筑有时；

⁴ 哭有时，笑有时

哀悼有时，舞蹈有时；
⁵掷石有时，堆石有时
拥抱有时，松手有时；
⁶寻觅有时，遗失有时
看守有时，丢弃有时；
⁷撕有时，缝有时
沉默有时，言说有时；
⁸爱有时，恨有时
战争有时，和平有时。

⁹那么，究竟有何益处，做人如此辛劳？¹⁰再看看上帝派给人子去做的那桩苦活：¹¹造化万千，又无不合时。但虽然蒙他恩赐，人心意识到了光阴永流，他们并不能参透，上帝行事的始终。

¹²我明白了，人生幸福，莫如及时行乐而成善；¹³而人人有吃有喝，享受自己的辛劳所得，乃是上帝的赐礼。¹⁴我还知道，凡是上帝的作为，皆属永恒：

永不增添一分
恒无一处减损——

上帝这么做，是要世人对他敬畏。

¹⁵一切所是，以前已是
一切将是，之前便是——

上帝必寻觅受迫害的人。¹⁶ 只是我一再看到,太阳下——

> 公道之地偏生罪戾
> 恶人占了义者之乡。

¹⁷ 我心想:义者恶人都归上帝审判;在他那里,万务万事皆有定时。¹⁸ 我还想到:凡此种种,无非是上帝检验人子,要他们明白,自己与兽畜无异。¹⁹ 因为,人子和兽畜命运相仿;人有一死,兽畜亦然,都只有一口气。比起兽畜,人并无优越之处——都是嘘气而已。

²⁰ 万物要回去一处
尘土来的,终归尘土。

²¹ 谁能确定,人子的那一口气定会升天,而兽畜的却要入地?
²² 我看得清楚,人生幸福,莫如 [及时] 行乐,享受他的产业。又有谁,能为他指示身后之事?

注释

3:1　　限期,zeman,规定或命定的时刻、期限。(万)务,hephez,喜悦,转指 / 晚期圣经用语:事务、现象,传 8:6。

3:2–3　生 / 死,杀 / 医:谁也逃不出耶和华的掌心,申 32:39(《摩西之歌》)。根除，直译：根除所种。

3:5　掷石 / 堆石：指农夫移石开荒，垒石砌墙。一说喻夫妇房事。松手，直译：离 / 避开拥抱。

3:8　有爱有恨，义人之本。至此共七节十四对句。

3:9　益处，yithron，利益、好处。诗人反复追问，人世辛劳之目的，传 1:3, 2:22, 6:11。

3:10　苦活，`inyan，诗人悲观，认为智慧并不能达至幸福，故博学聪敏如所罗门亦视之为"苦活"，1:13。

3:11　（意识到）光阴永流，ha`olam，人想探索事物间的因果关系及奥秘（而不得）。

3:12–13　人生幸福 / 行乐而成善 / 享受辛劳所得：此命题多次重复，犹如叠句穿插，2:24, 5:17, 8:15, 9:7。但能否摆脱"绝望"或"大恶"，ra`ah rabbah，2:20–21，让生命获得意义，诗人承认找不到答案。

3:14　上帝的作为皆属永恒：宏图预定，规划一切，超越人世的时空和因果关系，诗 33:11。

敬畏（上帝）：人子的智慧之开端，箴 1:7, 9:10。

3:15　所是 / 已是，将是 / 便是：万物周而复始，皆造物主即"我乃我是者"的安排，1:9，出 3:14 注。

受迫害的人，nirdaph，被驱赶的，指义人。七十士本引申：追究过去之事。

3:16　公道之地偏生罪戾：专权枉法，欺压穷人，4:1, 5:7。义者，从七十士本及亚兰语译本。原文：公义。

3:17　审判 / 定时：其实定时即已定罪，审判包含其中了。此节重复，打断叙述，或是插注。

3:18	检验，baram，挑选、考验；人子是天父的"作品"。 与兽畜无异：就感官享受、财富和虚名而言，诗49:12。
3:19	一口气，ruah，风、灵，上帝赋予人和鸟兽爬虫的生命之气，相对下句"嘘气"，hebel，1:2, 7:6注（《膏油名贵》）。
3:20	一处：指阴间/冥府，亡灵的归宿，9:10，申32:22注（《摩西之歌》）。尘土来的，终归尘土：典出伊甸园故事，12:7，创2:7, 3:19。
3:21	升天：人死，灵或生命之气回归赐生命的神，是古代近东流行的宗教思想，12:7，诗104:29，伯14:10，但诗人持现实而悲观的怀疑主义。
3:22	产业。helqo，或作命运、生活方式，5:17注。

膏油名贵
《传道书》7:1–8

圣人智者作箴言,是为了训诲子弟、引导会众(《古训》导言)。但传道人"钻研考订",所编撰的箴言,传12:9,思想趣味"出格"的不在少数,每每抵牾传统教义。比如《箴言》宣扬的善恶报应,传道人就持怀疑的态度。若说"耶和华的眼睛无处不在/善善恶恶无所不察",箴15:3,那么至少,祸福的分配在我们这个世界("今世")是不成比例的。所以他说,"都见过了,在我嘘气般的岁月——有义者行义而夭折/有恶人作恶却延寿",7:15。

另一方面,他恐怕也不会赞同约伯坚称清白,"把义归了自己而非上帝"的立场,伯32:2。清白无辜,在疑者看来,只是一时一地的感觉、评价或记忆。"但世上并无一个义人,可以只行善而绝不触罪",7:20。

书里还有一主题"愚顽",kesiluth,阴性名词:在智慧文学常拟人作蠢妇描写,相对于高洁的"智慧",hokmoth,箴9:13。传道人也未能免"俗"。他"潜心求知,探寻智慧",结果"发现一物,比死还苦/叫作女人,又名网罗。她心是陷阱,手是枷锁/只有上帝中意的人能躲开/而罪人,定被她擒获",7:26。如此讽喻,拿今天的标准衡量,实在是政治极不正确,竟把"愚顽"形容为一个花枝招展勾引男人的"番女",箴2:16, 5:3, 9:13以下。然而,我们的"会众导师"自

有一套解释,不啻对人性(无分男女)的拷问和反思:

"上帝造人,正直伊始/人却寻出了无穷诡计",7:29。没错,谎言来世,那第一个在天父面前犯愚顽的,kesil,不是女人,而是"她身旁的丈夫",亚当,创 3:6, 12 注(《伊甸园》)。当然,人子的那点小聪明是骗不过他的造主的。耶和华降下诅咒,将"愚顽"逐出乐园,令他耕耘土地,去造他的泥尘里谋生,创 3:24。从此,太阳下"快腿未必能跑赢/勇士未必取胜;不一定智慧就能得食/明辨就富裕/有道就蒙恩——人要碰机会,有定时",9:11。

而智慧便是懂得,祸福不可预料,传道人说。因为经常,"一只死苍蝇能坏一碗配制的香膏/一点愚妄能盖过智慧和荣耀",10:1。

膏油名贵,莫若美名

生日,不如死期。

² 宁可进居丧之家

不要登宴饮之堂;

因为人皆有一死

愿生者的心牢记!

³ 欢笑,不如哀伤

因为愁容可化作心智。

⁴ 智者心系居丧之家

愚顽人留恋喜宴之堂。

⁵ 宁愿被智者训斥

不要听蠢汉唱歌；

[6] 就像荆棘在锅底噼啪作响

那是愚顽人在呵呵！

全是嘘气——

[7] 看，智者受尽迫害而发狂

慧心被贿赂所腐败。

[8] 一事之开端不如终了

心高气傲，不如忍耐。

注释

7:1　膏油名贵：喻财富，箴 22:1。生日不如死期：因一个人美名与否，要过完一生才能知道。

7:2　宴饮，死海古卷同下文 4 节：喜宴。一死，soph，直译：终了。

7:3　愁容可化作心智，直译：以愁容使心好。意谓人经历了哀伤，懂得欢笑是一场空，传 2:2。

7:4　居丧/喜宴：古人婚丧二礼皆为期一周，创 29:27, 50:10。

7:5　（蠢汉）唱歌：喻阿谀奉承。

7:6　呵呵，sehoq，傻笑、讪笑。

嘘气，hebel，一口气、雾气。极言人生虚幻徒劳而无意义，1:2, 14, 赛 30:7, 诗 39:5, 62:9。

7:7　迫害，`osheq，或如犹太社本：欺诈。

贿赂，mattanah，礼物，转指贿赂，箴 15:27 注。腐败，y`wh，从死海古卷。原文：毁坏，wi'abbed。此节晦涩，或有脱文，无善解。

7:8　开端不如终了：否定人事后果可以探知或预测，一如美名，上文 1 节。心高气傲不如忍耐，直译：长气／灵，好过高气／灵。

人子
《但以理书》7:1–14

此书按内容，可分上下篇。上篇一至六章，似民间故事，说的是圣城陷落后，征服者尼布甲尼撒下令，从犹大王室和贵族人家的孩子中间，挑一批模样好、无缺陷、聪明伶俐的，教养三年，送去巴比伦王宫当侍从。但以理，dani'el（"上帝我的审判者"），被挑中了，但1:3–4。他跟三个同伴坚持信仰，在敌族宫廷经受了各样考验，包括给暴君圆梦、进火炉、落狮坑、解说大殿墙上突然显现的手指写字的神迹——每一次，上帝保佑，圣者都完好无恙。

下篇七至十二章，但以理（第一人称）自述所领受的一系列异象，由天使加百列给他解说。场景不变，但圣者在梦里或"灵中"看到了圣史的展开：不可一世的霸权一一坍塌，从巴比伦到玛代和波斯，再到亚历山大大帝的遗产，（叙利亚）色琉西王朝的残酷统治，直至义民盼来世界终了、末日审判与死者复活——那些长眠于尘土的，许多人要醒来，有的要入永生，有的要蒙羞而永受鄙弃，12:2。

圣者但以理的来历，今人难以考证了。先知以西结阐发个体责任原则，举古代义人为例，将他同挪亚、约伯并称，但未作解释，结14:14（《人若同上帝争讼》导言）。或许圣者的事迹早已家喻户晓了。上世纪叙利亚茴香角出土的乌迦利特语文献，提及一位爱护孤寡、主持正义的迦南贤王或士师，也叫但以理，dan'el（前1400）。大约后来成了传奇人物,故事流传到了福地。以西结还说,但以理通晓一切隐秘,sathum,结28:3,这一点,也挺像那贤王。

《但以理书》的文字有个谜团,就是不知何故,夹了六章亚兰文,2:4b-7:28。然而叙事风格与前后的希伯来语经文并无明显差异,且跨越上下篇的分野。亚兰语是亚述、巴比伦和波斯帝国时代,近东外交、商业往来的"普通话",赛36:11注。以色列人自入囚巴比伦开始日常使用。渐渐地,希伯来语成了祭司经师的"文言",老百姓竟听不懂了,需要翻译,尼8:8(《信与忘》,页26)。也许,那六章亚兰文便是这么来的:译本流行,大受欢迎,原文反而部分失传了。

《但以理书》在希伯来《圣经》里列于圣录,归典甚晚(七十士本把它归于先知书,放在《以西结书》之后,是按照故事的历史背景;基督教"旧约"从之)。成书年代,学界通说在色琉西王安条克四世(Epiphanes,前175—前164在位)亵渎圣殿,蹂躏子民之际(前167—前164)。以色列的这一段历史,书中有颇为详细的"预言"。十一章,一身着亚麻长袍的天使为圣者启示未来,南王(托勒密)跟北王(色琉西)如何争夺福地。并说,接着有一个"可鄙之人",nibzeh,即安条克四世篡位崛起,两次攻伐埃及,为罗马执政官所阻;遂转而"泄愤于圣约",冒犯"众神之神",11:30,36。显然,那是作者亲历而见证的异族侵略和宗教迫害,以预言出之,vaticinia ex eventu。而义民的反抗一触即发,快了,圣战将席卷整个圣地!加上2:39以下。

巴比伦王贝沙匝元年，但以理卧床后得一梦，有种种异象入脑。他便将梦记下，这样起头：² 但以理有言——

夜深，忽有异象
只见四股天风搅动大海；
³ 啊，四头巨兽
冒出海涛，身形各异。
⁴ 率先的像狮子，长一双鹰的翅膀；
正待细看，它却被拔了翅膀，从地上举起
像人一般两脚直立，还得了一颗人心。
⁵ 跟着，第二头兽，看着像熊
斜转身，一口利齿，露出三根獠牙。
起来！传来一声命令：多多吃肉！
⁶ 完了再看，又来一兽，像豹
背上生四只鸟翼；
这兽有四个头，且得了治权。
⁷ 然后，再看那深夜的异象
但见那第四头兽，可怖而凶猛至极
一副大铁牙，又吞又撕
吃剩的则用脚踩踏。它跟之前
那三兽不同，有犄角十只。

⁸ 我正思量着，忽见犄角中间生出一只小角，将挨着它的三只大角连根拱起；而且，这小角竟长着人眼样的眼睛，并一张吹嘘

的嘴。⁹ 但未及细看——

啊，宝座已一一立定，那亘古常在者
高踞：他长袍洁白如雪
头发纯如羊毛
銮舆是火焰，轮子是烈火——
¹⁰ 一条火河，翻滚着涌出
就在他的面前。
服事他的有千千
御前侍立的有万万；
审判者业已坐堂
展开他的案卷。

¹¹ 我放眼望去，只见那兽因小角大声吹嘘而被杀，尸体销毁，扔进了大火。¹² 而其余三兽都被夺了权柄，留下性命，待期满之时——

¹³ 再看那深夜的异象
啊，忽见一位，像人子
驾着中天的云头而来；一到
即被引去见那亘古常在者
¹⁴ 领受了治权、荣耀与王位：
万民万国和万语，就一起侍奉他。
他的权柄乃万世不移之权柄

他的王位，永日无涯。

注释

7:1　贝沙匝，belsha'zzar（阿卡德语：bel-shar-uzur，"大神佑王"），书中称之为巴比伦的末代"国王"，死于波斯/玛代联军灭巴比伦之役，但5:30。然而据巴比伦史料，他从未即国君之位。只是有十年光景，父王（Nabonidus，前556—前539在位）移驻阿拉伯半岛北部重镇提玛，tema'，把他留在巴比伦摄政。

异象入脑：睡梦中获神的启示，呼应二章，巴比伦王尼布甲尼撒梦见之异象，但2:29以下。

7:2　天风，ruhe shemayya'，上帝的呵气，伯26:13，一说指天使。大海：象征太初之混沌，为造主所降伏。

7:3　巨兽，hewan rabreban，象征先后称霸的四个大国，7:17。

7:4　狮子：巴比伦。拔了翅膀：喻被击败。

人心：或指尼布甲尼撒第二梦成真，被逐出人类，"吃草如牛，身沾天露，蓬头似鹰，指爪似鸟"；不得不礼赞至高者，这才恢复了神志与王位，4:30–31。

7:5　熊：玛代，maday，又名米堤亚，伊朗高原西北游牧民族，善战。玛代是倾覆巴比伦的波斯联军的一部，赛13:17，耶51:11。

7:6　豹：波斯。

治权，shaltan，公元前539年，波斯居鲁士大帝（前558—前530在位）占领巴比伦，次年敕命释囚；圣书誉其为耶和华的受膏者/

弥赛亚/基督，赛 45:1。

7:7　第四头兽：怪物，不说像什么。马其顿亚历山大大帝击败波斯，征服近东，希腊化时期开始。公元前 323 年，大帝驾崩巴比伦，部将裂土称王，建色琉西（叙利亚）和托勒密（埃及）王朝。

犄角十只：指色琉西诸王。

7:8　小角：安条克四世，Epiphanes，8:9，洗劫圣殿、焚烧圣法、禁安息日，并强迫子民拜祭宙斯和巴力的罪魁祸首。以色列第一次面临敌国的宗教迫害，因坚持信仰而遭屠戮，诗 44:22，加上 1:41–53（《宽宽信箱》，页 197）。

三只大角："小角"的哥哥色琉古四世被臣下刺杀，其时王储远在罗马为人质，"小角"乘机篡位，11:21。吹嘘的嘴：形容其亵渎神圣，7:11，启 13:5。

7:9　宝座：供众圣者加入上帝的末日审判，太 19:28，启 20:4。

亘古常在者，`attiq yomin，直译：日日之古。指耶和华。一说此名借自迦南众神之父艾尔，'el，尊号"万年之父"，'abu shanima，意同先知歌颂的"永世为父"，赛 9:5。长袍如雪/头发纯如羊毛：以洁白之意象，想象至圣至洁，启 1:14。銮舆/轮子：回放先知以西结的"灵中所见"，结 1:4 以下。

7:10　火河/涌出："神现"之可怕景象，出 19:18，诗 50:3。千千/万万：天庭一如人世的王宫，威仪赫赫，等级森严。

案卷，siphrin，耶和华面前天庭书记著录每人行事与功罪的书卷，出 32:32，诗 40:7，69:28，玛 3:16，路 10:20，启 20:12。

7:11　尸体销毁，扔进了大火：后世描写地狱有一口火湖，启 19:20，20:10。

7:12 留下性命: 前三个霸权（巴比伦、玛代和波斯）失了权柄，但不处死灭尸，或因没有像塞琉西王那样敌视圣法，亵渎至圣。

7:13 人子，bar 'enash，希伯来语: ben 'adam，人，人类，结 23:2（《两姐妹》），诗 8:4（《圣名颂》）; 转指"至高者的圣者"即以色列子民，或其劫后"余数"，8:24, 赛 4:3；后世借指圣民的领袖，受膏者/基督，9:25, 启 1:7, 14:14。耶稣自称人子，是委婉语，也是向天上"驾着云头"的那一位致敬，太 8:20, 24:30, 26:64。

一位，像人子: 神秘的王者，或婉称圣民，"至高者的圣者"，7:18。注家歧解纷纭，莫衷一是。一说指米迦勒，mika'el（"谁像上帝"），以色列的庇护天使，对阵四巨兽，10:13, 12:1，启 12:7；另说指天使加百列，gabri'el（"上帝我的勇士"），9:21, 路 1:19。撒旦之外，希伯来《圣经》里留名的神子仅这两个。

7:14 治权、荣耀与王位: 四巨兽/邪恶之国消灭之后，"像人子"的那一位将从至高者领受权柄，全体圣民永世为王，受"万国万语"朝拜，2:44, 3:33, 7:18。后世解作受膏者/基督降临，开启天国。

二〇一六年十月

卷五 新约

九福
《马太福音》5:3–12

耶稣钉十字架受难，通说在公元 30 年。之后不久，大概门徒就开始收集他的教导，演绎他的行事。先是口耳相传，然后形诸文字，渐渐地，随着一门新宗教的兴起，便有了林林总总的福音书。

传世的福音书，无论正统异端，都是后人托名。耶稣的门徒是巴勒斯坦北部加利利人，说亚兰语加利利方言——也许犹大除外，有学者推测他来自南方，狂热爱国，曾加入匕首党，sicarii，刺杀投靠罗马的"合作者"——他们出身卑微，打鱼种地卖劳力，还有当税吏和娼妓的，可 2:15，太 21:31，路 7:37。一群"没有念过书的小民"，anthropoi agrammatoi，徒 4:13，似乎不可能通晓希腊语，研习修辞跟七十士本（希伯来《圣经》的希腊文译本），作出一部福音书来（艾尔曼，页 71–77）。耶稣"述而不作"，一说也是文盲，在经师祭司的眼里。经书仅有一处记他写字，《约翰福音》的"淫妇"片断："耶稣弯下身去，用指头在地上写"，约 8:6。但那故事，早期抄本与教父、古译本皆不载，是后人补入的。而《路加福音》所说，耶稣十二岁上圣殿同经师论辩，传道伊始，入拿撒勒小村的"会堂"诵经，路 2:46, 4:16–19，则属虔敬传说，pia fraus。难怪众乡亲诧异："不就是个木匠么？玛丽亚的儿子"，他"受赐的是什么智慧"？可 6:2–3，太 13:54–55。"这人没上过学，怎么识字的"？听他布道的犹太人问，约

7:15。答案只能是神迹,即人子"身怀圣灵之奇能",路 4:14。

《新约》存四部福音,《马可》《马太》《路加》与《约翰》,分别作于基督受难后四十至八十年间(见《摩西五经》圣经年表)。许多语录和故事,当可追溯至"加利利先知"生前,虽然圣书本非"客观中立"的历史考证,描写亦不无"怨怒之情",ira et studio(塔西陀语)。其希腊文也算不上典雅的范例——假如《新约》是圣言降世,尼采说,上帝就没学好希腊文——然而拙朴有力,且不乏修辞,作者应是受过教育的,绝非底层百姓。若是源头在第一代门徒,则有一个从亚兰语移译或用希腊文改写、编辑加工的过程,以满足各地会众,ekklesia,的不同需求。古人受口传文化影响,著书立传,既凭记忆也可发挥,"按照可然律或必然律"创作对话;因而所述耶稣的性格形象各异。传统说法,《马可》讲苦难,归罗马,作者为大门徒彼得的助手,徒 12:12 注;《马太》重训诲,归大马士革;《路加》表慰藉,归安提阿,作者系医生,使徒保罗的"同工",西 4:14 注;《约翰》神秘崇高,归以弗所。这些风格与情节的明显分歧,正反映了原始教会不同社团作为"基督身子"的各样经验感受(韦尔斯,页 8)。

《马太福音》居四福音之首,文字工整,结构匀称。有训言五篇,各具主题:一"登山",太 5:3–7:27,二"使徒",10:5–42,三"讽喻",13:2–52,四"会众",18:1–35,五"末日",24:4–25:46。另一特点,是喜欢用经文(引七十士本)"验证"耶稣的事迹。古人以为是据一部亚兰语福音编译的(优西比乌《教会史》3:39),但并无抄本或旁的证据。作者虽是犹太人,却不掩饰对子民的敌意;不仅诅咒经师法利赛人,23:13 以下,且处处为罗马开脱,把杀基督的罪责推给同胞,让他们向审讯被出卖了的人子的总督高喊:就让[耶稣]的血[流到]

我们身上，我们孩子身上！27:25。

也许，那加利利先知的福音，不是报给锡安山上的以色列家的，赛 40:9。他的救恩的喜讯是要安慰那挨饿哀哭的，即一切"被人仇恨、拒斥、辱骂，名字如恶物遭人唾弃"的苦灵，路 6:20–22。而对于富人，那今日餍足而欢笑的，则子民外族不论，他的天国要比骆驼穿针眼还难进，可 10:25，太 19:24，路 18:25。

³ 福哉，苦灵的人

　　因为天国属于他们。

⁴ 福哉，哀痛的人

　　因为他们必受安慰。

⁵ 福哉，恭顺的人

　　因为他们必继承福地。

⁶ 福哉，求义似饥渴的人

　　因为他们必得饱足。

⁷ 福哉，怜悯的人

　　因为他们必蒙垂怜。

⁸ 福哉，心地纯洁的人

　　因为他们必见到上帝。

⁹ 福哉，缔和平的人

　　因为他们要叫作上帝之子。

¹⁰ 福哉，为了义而遭迫害的人

因为天国属于他们。

¹¹ 福哉，若是你们为我的缘故，受人辱骂迫害、百般诬蔑中伤；¹² 就该欢喜不尽，因为你们在天的报偿必丰，一如之前那些先知，遭人迫害。

注释

5:3 福哉，makarioi，传统赞语，诗 1:1, 33:12，箴 3:13。苦灵，ptochoi to pneumati，"灵中蜷缩／乞讨／赤贫"，喻贫苦、卑微，撒上 1:10，赛 38:15，伯 3:20，箴 31:6。

天国：婉言上帝之永恒统治，上帝的国，诗 145:11–13, 但 3:33, 7:14。"悔改吧，天国已近"，是耶稣从老师施洗约翰接过来的口号，太 3:2, 4:17。

5:4 哀痛的人：泛指被压迫者、义人。必受安慰：暗示报应，耶和华的"悦纳之年"和"复仇之日"在望，赛 61:2。

5:5 恭顺，praeis，卑微、谦恭，尤指对神的态度，民 12:3 注。语出七十士本，诗 37:11。福地，ge，或作土地，淡化耶稣的传道路线，或福音与以色列的关系，10:5。

5:6 求义似饥渴：义，暗示圣言，诗 107:5，摩 8:11–12。

5:7 怜悯／必蒙垂怜：爱人如己，获上帝赐福，6:14, 7:1，箴 14:21。因为天父一定怜悯他的忠仆，出 33:19，申 32:36。

5:8 心地纯洁：强调守洁在心，15:18 注，诗 24:4, 51:10。见到上帝：

得救而进天国，启 22:4。

5:9　缔和平：与人和睦相处，尤指会众内部的团结，来 12:14。参 10:34 注（《刀剑》）。

上帝之子，hyioi theou，"神子"，为神拣选而建立亲密关系者，如天使、子民或膏立的王，4:3 注；此处美称忠信者。

5:10　为了义而遭迫害：鼓励不畏险阻，准备牺牲，彼前 3:14。

5:11　为我的缘故，受人辱骂／诬蔑中伤：因"路线"不同，被当作异端，受族人和会众兄弟的排斥、攻讦，10:17–18, 13:57, 徒 5:41。

5:12　如之前那些先知，遭人迫害：三申迫害，信徒比作先知，乃至殉道成义，23:34–35，来 10:33 以下。

刀剑
《马太福音》10:34–39

"教会跟《圣经》不是一回事,《圣经》从来就是教会的愧疚",德国思想家勃洛赫尝言(页 9–10)。这"愧疚",或换一角度,这经文孕育的道德思想,对信条教规和教派立场的逾越("思考意味着逾越",勃氏的墓志铭),便是为什么圣书可以永不过时,向所有人说话,为不同时代不同民族的读者理解,并帮助受苦人面对现实,反抗压迫,进而"创造历史"的一条主要理由。

此段"刀剑"福音便是一例,如何解读,历来让神学家头疼。即便现代学术译本,也往往语焉不详,如新牛津注释本/新修订标准本(第三版),只短短一句:耶稣在场,造成分裂。谁分裂?何以人子在场他们就分裂了?却不敢说。

基督降世,按《马太》的记载,不是来废除摩西之律同众先知的教导,而是要使之成全,太 5:17。所以他一再强调谨守圣法,"一点一画"都不能少,包括孝敬父母、爱人如己,出 20:12,利 19:18。因为真正的绝对的"善",ho agathos,只有一位,即天父——除了上帝,别无他善,太 19:16 以下。但既有博爱之诫命,乃至"爱仇人","若有人批你的右颊,你把左颊转过来也给他",5:39, 44,为何又宣布骨肉为敌,家庭分裂,甚而要信徒摒弃爱父母儿女呢?

原来,人子福音跟后世教会一个最大的不同,在历史观、世界观。

耶稣的口号，得自老师施洗约翰，"悔改吧，天国已近"，3:2, 4:17。他是站在圣史的终点之前，为我们"开眼通耳"布施救恩，而非教人安顿日常的家庭生活，或安慰成功人士，帮他享受"太平"。末日在即，大恶随时会攫取，这是加利利先知给忠信者的警告：快了，当假先知蜂起，一个个口称"我是基督"，受骗的将不在少数，24:5。届时，"兄弟会把兄弟交给死亡，父亲会交出孩子；儿女会起来与父母为敌，不惜将他们杀害。为了我的名字，你们会遭人人仇恨；只有那坚持到底的，才能获拯救"。所以他遣门徒传道，任务十分紧迫：阿门，我告诉你们，不待你们走完以色列的城镇，人子便要来到，10:21–23。阿门，我告诉你们，这儿站着的人当中，有人不必尝到死的滋味，即可见着人子降临他的天国，16:28, 可 9:1, 路 9:27。

那将是一场空前绝后的大灾难、大考验。"那一段日子若不缩短，全体肉身皆无活路"。怎么办呢？惟有忠仆坚持战斗，赢得"拣选"，成为子民中得进天国的"余数"即圣者，赛 10:22，罗 11:5，救恩才会到来，24:21–22。当此决战关头，新天新地的"分娩之痛"开始，凡举剑求道者，必不顾常规。

³⁴ 莫以为我来是要世上太平；
　　我带来的不是太平，而是刀剑。
³⁵ 因为我来是要（儿子）与父亲作对
　　女儿与母亲不和，媳妇与婆婆相争——
³⁶ 人与自己的家人为敌。

³⁷ 谁爱父母甚于爱我，便不配 [跟从] 我；

谁爱儿女甚于爱我，也不配。

³⁸ 凡不背起自己的十字架跟从我的，都不配。

³⁹ 任何人，即使找到自己生命

也要丧失；

但为我的缘故而丧失的生命

必将复得。

注释

10:34 我带来的不是太平：坦言福音将颠覆旧世界或"今世"，包括支撑着它的家庭、宗法与社会关系。据此，"九福"所要求的"缔和平"，决非取消斗争，而是着眼于道内"战士"的团结，太 5:9 注。刀剑，machaira，短剑，喻福音引起子民分裂、争斗；耶稣自己则成为"受攻讦的记号"，路 2:34。

10:35–36 真理面前，家庭分裂，引自弥 7:6。

10:37 爱父母/儿女甚于爱我：爱有等差，不容不忠，出 20:5，结 23:25 注。更重要的是，对主的敬畏与敬爱，agape，大于人伦之爱，philia，侍奉主不应以家庭为累，申 33:9。

10:38 十字架：死刑犯得背自己的十字架，去城外受刑，约 19:17。此处借喻受人讥嘲、迫害，乃至"舍弃个人"，自愿牺牲，16:24, 23:34。

10:39 找到（生命）：婉言赢取，箴 21:21。

复得，heuresei，复活而入永生，但12:2 (《人子》导言)。同16:24–25。

我的心尊主为大
《路加福音》1:46–55

耶稣降生的故事，不见于保罗书信及《马可福音》，或许当时（一世纪五六十年代）尚未流传。《约翰福音》虽然晚出，因将人子等同于圣言，"太初有言：那言与上帝同在，上帝就是那言"，约 1:1，教义不同，故也不写降生。只有《马太》《路加》两部福音讲了这故事，情节却完全不同。

马太（我们姑且按传统这样称呼福音书的无名氏作者）说，玛丽亚圆房前已有身孕，未婚夫约瑟欲解除婚约，被天使劝阻。接着，有东方三智士前来献礼，拜新生儿为王。希律王闻报，大惊，下令屠杀伯利恒男婴，约瑟一家逃亡埃及。这些都是路加所不知的。据后者，天使加百列下凡，向玛丽亚预言圣灵感孕，其时圣母"还没同男人相认"，路 1:34。场景，则从大卫王的家乡伯利恒转为加利利小村拿撒勒。之后约瑟夫妇同房与否，作者未作交代——他们完全可以"相认"而不干扰圣灵结胎。未婚夫在律法上的权利等同丈夫，故古叙利亚语译本及古拉丁本均以"他的妻"称玛丽亚，2:5，参太 1:19，叫约瑟"她丈夫"——所以也有学者认为，单就第三福音而论，似不能排除耶稣是约瑟所生。至少，做父亲的从未生疑，亦无休妻的念头。路加所谓"圣灵覆体""大能庇荫"，只是祝圣婴儿为"上帝的儿子"，即义人或圣者（维尔麦希 a，页 77）：你诞下的必为圣者，必称上帝的儿子，1:35。犹太传统，义人，一如受膏的君王，如大卫，撒下 7:14，赛 42:1，诗 2:7, 89:26，皆可称神的儿子、至高者之子（《死海古卷》4Q246, 2:1）。故而，作者后来又说，耶稣被上帝立为圣子，是通过受洗或复活，3:22，徒 13:33。这应是基督会众最早的一种信条。

"那首先降临的爱，举翼在她面前，唱着：万福玛丽亚，圣恩充盈"，Ave Maria, gratia plena（《神曲·天堂篇》32:94）。她瑟瑟地小声回复：甘当主的使女，愿你说的实现，1:38。于是，圣言变为极小而成肉，如神秘主义宗师埃克哈（Meister Eckhart, 1260~1328）所言：那诸天容纳不了的，躺进了玛丽亚的子宫。人子降世，做夏娃儿子，为一个受难的"时辰"长大，改变了人类历史（和纪年）。Ecce homo, 看，就是这人，约 19:5——如此，天父"画出"自己的模样，肉身造一尊神像，破了十诫之二（禁造偶像），出 20:4。

以下便是玛丽亚怀孕后所唱，一支感恩之歌，由经书熟语巧妙织就。

我的心尊主为大

47 我的灵以上帝我的救主为欢愉，

48 因为他垂顾了卑微使女

是呀，今后，万代要称我有福！

49 是全能者为我造下的伟绩

至圣，是他的名，

50 他的慈爱绵延万世

赐予敬畏他的人。

⁵¹ 啊,他巨臂发力

把心狂气傲的驱散;

⁵² 他打翻宝座上的王公

将卑贱者高高举起;

⁵³ 他赐饥饿的餐餐美食

富人却空着手赶走;

⁵⁴ 他佑助以色列他的忠仆

始终记得他的慈爱,

⁵⁵ 一如他应允我们祖先

应允亚伯拉罕,子子孙孙,直至永远。

注释

1:46　　心,psyche,生命之气、性命、心灵,撒上 2:1 以下(《汉娜的祈祷》)。

1:47　　灵,pneuma,风、气、灵、生命。此句引赛 61:10,哈 3:18。

1:48　　卑微使女,直译:他的使女之卑微。引撒上 1:11,自比荒胎的汉娜,表虔敬。有福:因"子宫的果实"而"蒙福",称圣母,1:42–43, 11:27。

1:49　　至圣,是他的名:引诗 111:9。

1:50　　慈爱,eleos,义人的品格,源自神恩,10:37。此节引诗 103:17。

1:51　　心狂气傲:就道德信仰而言,相对于"使女之卑微",箴 16:19。此

1:52 　 卑贱者，tapeinous，经书熟语，同上文 48 节"卑微"。此节化自伯 5:11, 12:19。参诗 113:7–9。

1:53 　 赐饥饿的 / 美食：引诗 107:9。空着手赶走：化用伯 22:9。

1:54 　 忠仆，paidos，喻子民被拣选，赛 41:8。记得他的慈爱：引诗 98:3。

1:55 　 应允亚伯拉罕：上帝曾多次应许，赐圣祖迦南福地，子实多如天星海沙，创 12:3, 7, 13:15, 15:5, 18，等等。

爱仇人
《路加福音》6:27–38

耶稣的教导和讽喻，多是直白的散文。但路加下笔，时有诗意的修辞，且风格温婉，词汇丰富，eruditissimus（圣杰罗姆语），足可媲美《希伯来书》引经据典之庄严；一说他是《新约》作者里唯一的外族（"希腊人"）。

"爱仇人"一段，论者常引第一福音的记载，太 5:38 以下。后者针对经师和法利赛人的敌意，强调信徒行事"须达于完满"，否则"决计进不了天国"，太 5:20, 48。而完满，teleioi，即超越"祖宗之法"的字句或狭义理解，追求圣法之灵／精神，着重内心对罪的防范。所以人子列举六项"反题"，antitheses，绝非取消律法，而是提出新解：由不可杀人到勿迁怒于兄弟；从不可奸淫到勿动淫念；从允许休妻到禁离异（不贞除外，尊重宗法社会对传宗接代的要求）；从戒假誓到杜绝发誓（以免说话"出于大恶"）；从复仇伦理（家族义务），创 4:23，或同态报复律，lex talionis，出 21:23–25，到不反抗恶人；从爱邻人恨仇人到爱仇人。这一切，都是为了"成全律法"，太 5:17（《刀剑》导言）。

《路加》不言完满或成全律法，"爱仇人"紧接着"四福四祸"，即耶稣的穷人福音的纲领，路 6:20–26。那么谁是基督会众的仇人呢？是拒绝福音的耶路撒冷祭司，抑或把耶稣钉上十字架的罗马士兵？还是那些"只看到兄弟眼中的木屑，自己眼里的大梁却从不在意"的假善人，6:41？可是大爱，agape，一旦施与仇人，人就没了仇敌；就同起义失败、失败了再起义的爱国者、奋锐党，以及跟人子一起受难的那两个"强盗"，lestes，一总划清了界线。难道要这样爱，才够得上那迟迟不来的普世救恩？

然而，人子乃上帝之爱的见证，故虔敬必系于大爱广施，帖前3:12，彼后1:7。惟有施爱可彰显圣法之灵：遇上仇家走失的牛或驴，应牵去交还给他。看见恨你的人的驴载重跌倒，应上前援手拉驴，不可走开不顾，出23:4–5。还有：莫讨厌红岭人（以色列的宿敌），他是你的兄弟；莫憎恶埃及人（奴役者），你曾寄居在他的家园，申23:8。一世纪犹太史家约瑟夫也说，摩西之律极其宽仁，epieikeia，甚而向子民的死敌施仁心（《斥阿比安》2:209–11）。是的，苦灵的福音，就是爱那最不可能偿还者，而立信称义，称仁慈，一如天父至慈，6:36。有一句拉比箴言，讲的正是这仁爱之道：莫像那些等赏赐的奴仆，侍奉上帝的决不图回报（《祖训》1:3）。

[27] 但是，我告诉你们，你们听着：

要爱你们的仇人，对恨你们的行善

[28] 给诅咒你们的祝福，为凌辱你们的祈祷。

[29] 若有人掴你这一边脸颊，你把那一边也给他；

若他夺你的外袍，你连内袍也别留下。

[30] 要有求必给，夺走不追。

³¹ 你们愿意人怎样待你们
　　你们也应怎样待人。

³² 如果你们只爱那些爱你们的人
　　又算什么功德？因为连罪人也是这么个爱法。
³³ 若是你们只善待那些善待你们的人．
　　又算什么功德？连罪人也这么做的。
³⁴ 若是你们只借给那些有望偿还的
　　又算什么功德？连罪人之间
　　也借贷还钱，分文不短呢。
³⁵ 相反，要爱你们的仇人，善待他们
　　借出去就别指望偿还。
　　如此，你们才会有厚报
　　才当得至高者的子孙，
　　因为他对那些忘恩作恶的
　　是［一样的］恩待。

³⁶ 所以你们要仁慈，一如你们的父至慈。

³⁷ 莫评判，以免自己受评判；
　　莫定罪，以免自己被定罪。
　　要宽恕，你们才会得宽赦；
³⁸ 施予，才会蒙赐予：满满一斗
　　摇紧按实，堆尖流下

倒在你们怀里。

因为，你们拿什么衡量人

自己也必被什么衡量。

注释

6:27　爱仇人，agapate tous echthrous，扩大了摩西之律"爱邻人如爱自己"的范围，利 19:18。

6:28　给诅咒 / 凌辱你们的祝福 / 祈祷：以十字架上的耶稣为榜样，路 23:34，徒 7:60，亦是光大传统智慧，箴 25:21–22。

6:29　那一边（脸颊）也给他：此句第一福音更为具体："若有人批你的右颊，你把左颊转过来也给他"，太 5:39。右颊被批，即对方出右手，用手背打耳光；这在耶稣时代，是主人惩罚奴隶或侮辱人的姿态。

若他夺你的外袍：此句不如《马太》有力："若有人想告你，夺你的内袍，你连外袍也让他拿去"，太 5:40。夺内袍，或是债主拿去作抵押，出 22:25。外袍却是穷人的被子，比内袍更不能割舍。

6:31　你们愿意人怎样待你们 / 你们也应怎样待人：合诫命"爱人如己"与箴言"己所不欲，勿施于人"为一，习称"金律"，利 19:18，多 4:15，太 7:12 注。

6:32　功德，charis，恩惠、佑助，转喻赢得上帝恩宠的行为品质。

也是这么个爱法，另作：也爱那爱他们的。

6:34　也借贷还钱，分文不短呢，直译：也借给罪人，如数偿还。

6:35	别指望偿还，一作：别叫人/对人绝望。至高者的子孙：美称义人、圣者（《我的心尊主为大》导言）。
	恩待（忘恩作恶的），chrestos，即挽救罪人，诗 25:8。
6:36	仁慈/至慈，oiktipmon，神性之核心，基于信约的恩泽，出 20:6, 34:6–7，在子民则为忠信，何 4:1。
6:37	评判，krinete，区分、批评、裁判，尤指在门徒或信众之间，太 7:1。被定罪：特指上帝的审判与罪罚。
	宽赦，apolythesesthe，兼指释放、免（债），太 6:14。
6:38	斗，metron，量器，衡量人的尺度，太 7:2。
	怀里，kolpos，特指束起外袍，形成如口袋的夹层。

太初有言

《约翰福音》1:1–18

《新约》四部福音,《约翰》排在第四,渊源跟前三部迥异。后者的故事多处雷同,可对照阅览,习称"对观福音"。《约翰》成书较晚,在一世纪末二世纪初,内容与对观福音重合者仅三事,即第六章开头的五块饼吃饱会众、耶稣踏海、登舟回那鸿庄,kephar nahum,约 6:1–25。驱邪灵的法术也不见了,治病仅剩三例:侍臣的儿子,4:46–53(参太 8:5–13,路 7:1–10,百夫长的孩儿/爱仆),以及恩屋池医瘫子、盲眼重光,5:2–9, 9:1 以下。施神迹,则成了见证"圣言肉身"的荣耀,或显扬神性的征兆,semeion,呼应人子的种种宣示,从"生命的粮""世界的光"到"复活在我",6:35, 8:12, 11:25。为的是团结会众,令旁观者信服,例如十一章,好友拉匝儿的起死回生。同时也反衬出所谓"犹太人",Ioudaioi,或犹大之民抗拒"真理"的顽固、徒劳无益。

作者的思想,颇具神秘主义和灵知派倾向,像是一个受了良好的希腊化教育的流散地犹太人基督徒,而非熟悉犹太教但皈依了基督的外族("希腊人")——传统上认作蔡伯之子约翰,绰号"霹雳子",13:23 注,可 3:17,路 9:54。然而其教义敌视子民,斥之为恶魔后裔,8:44,情绪之激烈,远胜"外族的使徒"保罗,或反映了(以弗所或别处的)原始教会"约翰社团"所面临的挑战,及相应的生存与宣传策略。

　　还有一点特色,就是第四福音的耶稣,施教很少讲讽喻,亦不显圣容,可 9:2,太 17:2,路 9:29。自始至终未提天国/上帝的国,除了法利赛人尼哥蒂摩,Nikodemos,问重生一段,3:3–5。但尼氏不解"重生",gennethe anothen,是因为希腊文有"生于上"的双关,喻受洗、悔改而获赦罪,参 8:23, 19:11,那是希伯来语和亚兰语都没有的,因而不可能是加利利先知的原话。

　　以下福音书的引子,可题为"圣言颂",风格崇高,语义结构呈交错配列,连环递进(详见《政法笔记·学院的圣日》)。有趣的是,进入正文,1:19 起,几个关键词就消失了:受造,egeneto,恩典,charis,充盈,pleroma,通篇不见使用。学者猜测,这颂诗本是独立作品,先于第四福音,不是作者的原创,类似保罗引用的基督赞,腓 2:6–11(《他虽有上帝的形象》),或路加笔下圣母的感恩之歌,路 1:46–55(《我的心尊主为大》)。也许《约翰》的"初稿"同《马可》一样,始于施洗者给人子作见证(韦尔斯,页 157)。

太初有言:

那言与上帝同在,上帝就是那言。

[2] 他太初便与上帝同在。

[3] 万物由他而受造——

无他,无一得受造。

凡受造于 [4] 他之中的,即生命

那生命乃是人的光；

⁵ 那光照在黑暗里，黑暗却不能胜光。

⁶ 曾有一人，上帝差遣，名为约翰。⁷ 这人来是要作证，就是作光的见证，让众人由他而立信。⁸ 他本人不是那光，而是要给光作见证。

⁹ 那是真光，照临每一个人
　　来这世界。
¹⁰ 他在世上：这由他而受造的世界
　　这世界不认识他。
¹¹ 他去到自己 [家]
　　自己人却不接受他；
¹² 而那接受他的，他就赐予权能
　　让一切信他的名的人
　　成为上帝的儿女：
¹³ 不从血气、不从肉欲或人意
　　他们从上帝而生。

¹⁴ 那言成了肉身
　　帐幕立于我们中间，
　　我们见了他的荣耀
　　乃如父亲的独生子的荣耀
　　为恩典与真理充盈。

¹⁵ 于是约翰给他作了见证，喊道：这就是我说的那人：他后我而来，却到了我前头，因为他先我已是。

¹⁶ 从他的充盈，我们全体领受

恩典复加恩典，

¹⁷ 一如律法由摩西颁布

恩典与真理，来自耶稣基督。

¹⁸ 上帝，向无人得见；

唯有那独生子上帝，在天父怀中

是他（替我们）宣明。

注释

1:1　太初，en arche，强调圣言先于受造的世界，创 1:1。言，ho logos，阳性名词，创世与救赎之圣言，亦即造主的大智慧，sophia，阴性名词。"耶和华一语，诸天造就／他启唇一呼，星空万象"，诗 33:6, 107:20，约一 1:1。

上帝就是那言：同在，即同一性，所言与言者合一；而圣言降世的肉身形态即耶稣，下文 14 节。

1:2　太初／同在：圣言／大智慧曾参与创世。"太初大地成形之先［智慧］已经永远立定"，并且"在他——大匠的身旁，每日做他的欢愉／时时在他面前嬉戏"，箴 8:23, 30，智 9:9 以下。大匠，'amon，指耶和华。

1:3　　由（他而受造），dia，暗示圣言乃万物之因、必由之路。故大爱不计贵贱善恶，"真光照临每一个人"，下文 9 节，太 5:45。

　　　　无他，无一得受造，另读（接下行四字）：凡受造的，无不由他而受造。

1:4　　光，phos，喻永生；人子乃"临世的光"，约 12:46。

1:5　　胜（光），katelaben，拿住、制伏。

1:6　　约翰，Ioannes（希伯来名：yohanan，"耶和华恩顾"），施洗者，耶稣的老师，可 1:9，太 3:13–15。耶稣受洗后不久，约翰就被藩主安提帕"锁进大牢"，杀害了，可 6:17–29，太 14:3–12。

1:7　　由他而立信：约翰的门徒有跟从耶稣，"得生命之光"的，8:12。

1:8　　给光作见证：两句话三申见证，淡化约翰对耶稣的影响，1:19 以下。

1:9　　照临每一个人：但未能驱逐黑暗；事实上，众人"宁爱黑暗不爱光明，只因他们行事邪恶"，3:19。

1:10　　这世界不认识他：万物虽是"由他而受造"，今世却早已陷于"黑暗"，属撒旦统治而敌视人子，7:7, 12:31, 15:18。世界，kosmos，尤指堕落了的世人。

1:11　　自己人却不接受他：耶稣的同胞，以色列子民拒绝福音。反言凡不愿"接受""认识"圣言与"真理"的，都要排除在"自己人"之外，难逃覆亡的命运。

1:12　　信他的名：人获救须通过受膏者／基督，故而称"上帝的儿女"也是一种权能，exousia，或"余数"蒙福入永生的特权，3:15。

1:13　　不从血气／肉欲或人意：救恩之主不看人的身份血统或地位，仅提一个要求，"诞生于水和灵"，3:5。他们：一作他，即耶稣。

1:14　　（言成）肉身，sarx，故受膏者／基督有完整的人性，约一 4:2。帐幕：宛如耶和华入居会幕，来到子民中间，出 40:34。

荣耀，doxa，统称圣言/耶稣的奇迹与教导，路 9:32。独生子，monogenous，强调子乃圣言，独一无二，不仅是"按肉身诞作大卫后裔"，罗 1:3。

恩典与真理：天父藏脸，救恩延宕已久，须以人子的牺牲，受难而复活，见证大爱之信实。

1:15　（他先我）已是，en，是/在/有/生，暗示圣名，"我乃我是者"，出 3:14。

1:16　充盈，pleroma，提示神性至大而满盈，西 2:9，荣耀覆盖大地，民 14:21。

1:17　律法，nomos，在第四福音的作者看来，摩西之律不再是"恩典与真理"之言，亦非加利利先知所信奉，且立志成全的上帝的教导和诫命，太 5:17–18。相反，如保罗主张，律法之"成全"只在立信于耶稣，迦 3:24。

1:18　上帝/无人得见：因凡人见造物主必死，出 33:20。

独生子上帝，monogenes theos，子即圣言，"在天父怀中"，父子如一，1:1 注。诸抄本无"上帝"。

宣明，exegesato，昭示天国福音，知父者唯子，太 11:27。

世界的恨

《约翰福音》15:18–16:33

学界通说,《约翰福音》较对观福音晚出。一个主要的理据,是作者阐发的父子合一的基督论,"父在我内,我在父中",约 10:38, 14:10–11,已经脱离耶稣运动的末日受膏者/弥赛亚信条,也远远超出了保罗关于"基督复起"的论述:耶稣"因从死者中复活"而"被确认为上帝儿子",罗 1:4,林前 15:14。另一理由,则是文字风格不似加利利先知传布穷人福音的生动口语,而近于学堂或书斋里饱学之士的写作。那样成熟的拉比诗文承载基督之道,大约要等到世纪之交,经过三代人的传承发展,新宗教收获了相当的中上阶层的灵魂,条件才具备了。

据对观福音,最后的晚餐(正月十五逾越节晚餐)结束,耶稣率门徒出城下山,进油榨园,向上帝祈祷。作者文笔简洁,气氛紧张又充满了悲情。人子心里"蓦地哀伤焦躁起来",向彼得他们说:我的灵悲痛已极,几如死了一般,可 14:13–14,太 26:37–38。讲了好久的荣耀之日,那准备上十字架的却突然失了第三天复活、升天"坐于大能者右手"的勇气,诗 110:1,可 14:62,太 26:64。他甚至想逃避命运,哀求天父"为我把这一杯拿开"。"极度痛苦之中,他祈祷越加热切,汗珠如血,大滴大滴落在地上",路 22:42, 44。读到这儿,谁不感动于基督的人性,这"太人性的"一刻?

可是轮到第四福音，故事就变了。晚餐提前一日（正月十四）；吃完，一俟犹大受了饼离去，耶稣立刻宣布：人子已得了荣耀，他身上，上帝得了荣耀！13:31。随即为门徒颁布"新诫命"：你们要彼此关爱，agapate allelous，就像我爱着你们，13:36, 15:12, 17。然后长篇大论，申述会众伦理，讲解天父同自己合一却又有别的神秘学说。

主啊，你要去哪里？大弟子彼得临到分手仍懵懵懂懂，不明白受膏者降世的使命，13:36，参3:17。主啊，托马说，我们不知你去何方，怎会晓得走哪一条道呢？耶稣回答：我就是那道，hodos，是真理和生命，14:5–6。主啊，腓力说，求你把父指给我们看，我们就知足了。耶稣回答：我同你们一起这么久了，你还不认得我么，腓力？见到我，便是见父……难道你不信，我在父中，父在我内？14:8–10。主啊，犹大（雅各之子，跟叛徒同名）说，你要为我们而非这世界显现你自己，什么道理呢？耶稣回答：人若爱我，必遵从我的言……而你们听到的那言，ho logos，非自我出，乃是差遣我的天父之言。你们若爱我，就喜悦吧！我这是去父的面前，因为，父比我大，14:22–24, 28。

这些都是抽象的教义。但作者悄悄放慢了基督受难的叙事节奏，让人子在走进园子、坦然被捕之前，停下脚步，详论"世界的恨"，确是别具深意的。当"交出他的犹大"领了一营兵，并祭司长的差役，举着提灯火把和刀枪围拢来时，拉比喝住了拔剑的彼得：把剑收鞘里去！这一杯乃是我父所赐，我岂可不喝？18:11。

¹⁸ 倘若这世界恨你们，你们须懂得，他[们]是先恨我，才恨的你们。¹⁹ 假如你们属这世界，世界就会把你们当自己人喜欢；然而你们不属这世界，我已从中拣选了你们，为此，这世界才恨你们。²⁰ 记住了，我给你们的训言：奴仆不可大于主人。

> 人若是迫害了我
> 也必迫害你们；
> 人如果遵从了我的言
> 你们的话也会听从。

²¹ 但是，人待你们的种种，皆由我的名而起，因为，他们不认得遣我来的那一位。²² 假使我从未来过，没告诫过他们，他们就算无罪；可现在，他们推卸不了自己的罪责！²³ 恨我，即是恨我父。²⁴ 若是我从未在他们中间成就无人可及的大功，他们也算无罪；但如今，他们是见到了却仍旧恨我，恨我父！²⁵ 诚然，这不过是应验他们的律法之言：他们没来由地恨我。

²⁶ 当护慰者降临
> 当我从天父身边为你们送来
> 那发自天父的真理之灵，
> 他将作我的见证。
²⁷ 那时，你们也要作见证
> 因你们自始即与我同在。

十六章

这些我都同你们讲过,免得你们被绊倒。² 人要将你们逐出会堂;是的,时辰到了,那些杀你们的,都自以为是在侍奉上帝。³ 他们如此行事,是因为他们对父、对我,皆无认识。⁴ 然而我讲这些事,是要你们到时候记得,我告诉过你们。

这些事,起初我未说,因为还与你们同在。
⁵ 如今,我就要回归遣我来的那一位了
你们却无一问起:你要去哪里?
⁶ 反而因我告诉了你们,就心里充满悲伤。
⁷ 可我说的是实情,我去是为你们好。
非得我去,那护慰者才会来你们这儿;
只有去了,我才能遣他降临。
⁸ 而他一到,便要指证这世界:
有罪,有义,还有审判。
⁹ 有罪,是因为他们不肯信从我;
¹⁰ 有义,是因为我就要去父的身边
不再为你们所见;
¹¹ 有审判,则是因为
这世界的元首业已定罪。

¹² 还有许多事要告诉你们,但你们现在尚承受不了。¹³ 要等那真理之灵降临,由他引你们进入一切真理;因为,他不是凭自己说话,而是宣告他所聆受的,把必来的万事向你们传达。¹⁴ 他要

将荣耀归我,因他传给你们的,皆受之于我。[15]凡父所有的,都属于我;所以我说:他必把受之于我的全传给你们。

[16]一会儿,你们就见不着我了;再过一会儿,又重新看到。

[17]有几个门徒便窃窃私语:他这话什么意思?一会儿,你们就见不着我了,再过一会儿,又重新看到?还有:因为我就要去父的身边?[18](他说的)"一会儿"究竟何指,我们可闹不明白!唧咕之间,[19]耶稣已知晓他们想发问,便说:你们是不是在议论我这话的意思:一会儿,你们就见不着我了,再过一会儿,又重新看到?

[20]阿门,阿门,我告诉你们

你们要哀号痛哭了

世界却要欢乐;

你们要悲恸,但那悲恸

要变为欢愉!

[21]女人临盆时多痛

因为她的时辰到了;

然而诞下孩儿,她就忘了分娩的苦——

欢喜呀,人儿来了世上!

[22]如今,你们也要哀痛,

但我必再见到你们,让你们的心欢愉

那欢愉,谁也不能夺去。

[23]待到那一天

你们什么也不用问我。

阿门，阿门，我告诉你们
　　奉我的名你们无论祈求什么
　　天父都会恩赐。
²⁴ 迄今你们尚未奉我的名祈求；
　　求吧，会实现的
　　让你们的忻喜达于完满。

²⁵ 这些，我都用比喻给你们讲过。时辰到了，我不必再说比喻了，天父的事，可以明明白白对你们宣告。²⁶ 那一天，你们要奉我的名祈求，但我不说我要替你们向父祈祷。²⁷ 因为天父他爱着你们，只要你们爱我，并确信，我出于上帝。²⁸ 出于天父，我来到世上；而今又要离开这世界，回去天父身旁。

²⁹ 众门徒道：好了，你终于可以明说，不用比喻了！³⁰ 现在我们懂了，你万事皆知，无须人提问。因此我们都信，你出自上帝。³¹ 耶稣回答：

　　你们终于信了？³² 看哪
　　时辰到了，已经到了！
　　你们要被驱散，自顾自逃亡
　　抛下我孑然一身。
　　其实我并不是一身
　　因为，有父与我同在。
³³ 这一切，我都告诉你们了
　　以使你们在我内得平安。

你们要在世上受苦了

但是勇敢些,

我已胜了这世界。

注释

15:18　世界:指会众之外／道外的世界,约 1:10 注(《太初有言》)。恨:教派冲突已不可避免,太 10:22。

15:19　属这世界:犹言罪人不知悔改,8:23–24,而今世黑暗,以撒旦为"元首",archon,12:31,14:30。

15:20　奴仆不可大于主人:成语,13:16,太 10:24,意谓信徒应恭顺,加入耶稣的苦难,赢得"为[基督的]名受辱的荣誉",太 5:11 注(《九福》),徒 5:41。

15:21　遣我来的那一位:即上帝。不认子,便不可能认父,8:19。

15:22　就算无罪:人未闻福音,仿佛不曾开眼,不算触罪,9:41。注意:耶稣时代还没有"原罪",peccatum originale,的观念。

15:24　大功,erga,喻征兆,彰显造主宏图;转指人子奉天父差遣,传福音的使命,9:3,17:4。

15:25　律法:提喻经书,10:34。他们的律法:第四福音的作者把律法归于"恨"耶稣的"犹太人",同基督的"恩典与真理"对立,1:17 注(《太初有言》)。

　　　 没来由地恨我:引诗 35:19,69:4。

15:26　护慰者,parakletos,本义召／求助,转指辩护人、安慰者,14:16,

约一 2:1。此处指圣灵，"真理之灵"与见证之灵。

我的见证：兼指控者，16:8。

16:1　绊倒：喻信仰动摇、背弃基督，6:61 注。果然，敌人抓捕耶稣时，门徒都逃走了。大弟子彼得被人带进了大祭司的庭院，还连续否认老师三次，18:15 以下。

16:2　逐出会堂：即革除教籍，7:13, 9:22。

杀你们的 / 以为是在侍奉上帝：迫害将临，乃实现救主宏图的不可少的一步。参较保罗归信基督前的想法，徒 26:9–11。

16:4　到时候记得：然而"时辰"一到，弟子各自逃命，只剩一群妇女跟着老师，下文 32 节注，可 15:40–41，太 27:55–56。

16:5　你们却无一问起：但先前彼得、托马问过老师，将去何处，13:36, 14:5。一说抄本顺序出错，十五、十六章应前置。

16:7　只有去了，我才能遣他：受难而复活升天，出离人世，然后圣灵降临，显为神迹。换言之，"言成肉身"的耶稣尚无法调遣护慰者/圣灵。

16:8　指证，elenxei，通过圣灵的神迹。有罪，有义，还有审判：其实这三样圣书已有记载，包括人子传道，归根结蒂，皆无须神迹的支持。恰如复活后的耶稣给"疑者"托马的教训："是因为见着我，你才信？福哉，那无须看到就信了的人"，20:29。

16:9　有罪 / 他们不肯信从我：罪在世人，3:18。

16:10　有义 / 我就要去父的身边：义在耶稣得荣耀，13:31。

16:11　有审判 / 这世界的元首业已定罪：元首，指撒旦，人类和上帝的死敌，恶天使之长，15:19 注，太 4:1，路 10:18。

16:12　你们现在尚承受不了：受教至今，众门徒依旧无资格或能力来领会，下文 29 节注。

16:13　必来的万事：指因基督受难复活而起的普世救赎等。

16:14　他传给你们的，皆受之于我：护慰者 / 真理之灵的指证，并无超出福音的"真理"。参上文 8 节注。

16:16　再过一会儿，又重新看到：双关兼指人子受难第三天复活、末日救主再临。部分抄本另有：因我就要去父的身边。

16:17　我就要去父的身边：见上文 10 节。门徒始终不解人子受难，第三天复活，意味着什么。

16:19　耶稣已知晓他们想发问：加利利先知"认得万人"，"他知道，人心里有什么"，2:24–25。

16:20　阿门，amen，本义坚定，用作语气词，可表权威、祈愿、赞美等，太 5:18。

　　　那悲恸 / 要变为欢愉：当门徒见到复活了的基督，20:20。

16:21　女人临盆：象征末日灾变，太 24:8。欢喜呀，人儿来了世上：喻新天地的诞生，呼应赛 26:17, 66:7 以下。

16:22　那欢愉，谁也不能夺去：按保罗的说法，是因为植根于对复活的信仰，林前 15:13–14。

16:24　尚未奉我的名祈求：因耶稣还没上十字架得荣耀，14:13。

　　　会实现的，直译：会（求）得的。忻喜达于完满：喻进天国，15:11。

16:25　明明白白对你们宣告：将通过圣灵施教，14:26。

16:26　我不说 / 替你们向父祈祷：反言人子乃唯一的通向天国的拯救之道，hodos，"是真理和生命"，14:6。

16:28　回去天父身旁：反复申说，子与父同在，1:1。

16:29　比喻，paroimia，对观福音称讽喻，parabole。显然弟子和百姓一样，听不懂老师的讽喻，太 13:34。门徒鲁钝，是第二福音不断重复的一个母题，可 4:13, 6:52, 7:18, 8:17, 9:32 等。

16:30　我们懂了／我们都信：其实并未明白；信，也不等于知，更不及义（详见《宽宽信箱／天国的讽喻》）。故立刻被耶稣以预言否定了。

16:32　时辰到了／自顾自逃亡：预言弟子信仰不牢；敌人一动手，立即作鸟兽散，把老师丢给了天父，太 26:31。

16:33　在我内得平安：暗指告别，道平安，shalom；反言在主内须经受苦难，14:27。勇敢些，tharseite，知道门徒怯懦、易动摇，需要鼓励。我已胜了这世界：战胜了死亡——"复活在我，生命在我：信从我的，即便死了也必活"，11:25。

爱之颂
《哥林多前书》13:1–13

保罗，本名扫罗——此是以色列第一位国王之名，sha'ul，转写为希腊语，Saulos，却有"装模作样、娇气"的意思——生于小亚细亚（今土耳其）东南重镇翅关，Tarsos，徒9:11。"按肉身"，属以色列本雅明支族，原是精通律法的法利赛人，打压过被犹太教主流视为异端的基督的会众，腓3:5，林前15:9。《使徒行传》写耶京的侨民基督徒七执事之一司德万殉道，说暴民指控执事"诋毁摩西、亵渎上帝"，将他拽到城外，扔石头砸。"那些证人脱下外袍，放在一个名叫扫罗的青年脚边。"还说，杀司德万，"扫罗是赞同的"。后来他坐牢自辩，也承认"不仅亲自抓了大批圣徒下监，还投票判他们的死罪。而且在各处会堂屡屡用刑"，逼人背弃基督，徒7:58, 8:1, 26:10–11。足见其捍卫正统之"狂热执著"，真是到了"无可指摘"的地步，腓3:6。

此后不久，扫罗奉命去大马士革搜捕异端。将近大城，"突然天上射下光来，照得四下通明，他一下摔倒在地，只听一个声音在叫他：扫罗啊扫罗，你为何迫害我？主啊，他问，你是谁？答：我就是耶稣，你迫害的那一位"。迫害者失明了三天，不吃不喝，直到城里一名基督徒哈纳尼亚用手按他，才复明了，"充盈圣灵"——他便信了耶稣，徒9:3以下。

但扫罗蒙召，并不是抛下祖宗的信仰去皈依新神。他追随一个复活了的受膏者/基督，是为了解救同胞，绝非与之为敌，罗 9:3–5。蒙召者自己的回忆，却刻意省略了细节，只说"在娘胎时已被拣选"，一如圣书上的先知，赛 49:1，耶 1:5；是天父降恩，将圣子"启示于我，让我向外族传他的福音"，迦 1:15–16。强调的是自己称使徒的资格，及"福音内的权柄"，林前 9:18。然而，他毕竟不是主耶稣亲选的门徒，"弃暗投明"入道前，曾迫害基督。仿佛是回应道内的指指点点、猜忌和骂詈，或争取"主的弟弟"雅各同彼得、约翰领导的圣城"母教会"的支持，保罗向会众讲过自己经历的一次异象：如何"在基督内""升至三重天上"受教，"被提上乐园，听到了不可言说、不许人传的真言"，林后 12:2–4。

这"不许人传"，或也是一种辩解。因为就他的书信看，保罗极少引述耶稣的教导，却每每引用经书，显出法利赛人的本色。当然，那时福音书尚未编撰，翅关使徒不言圣灵感孕、约翰施洗、犹大叛卖，不提彼拉多和玛德莲——这些后世读者熟悉的人事，他很可能一无所知呢。

旁经《保罗行传》这样形容传主：矮小个儿（拉丁名保罗，Paulus，意为矮小），身板结实，秃顶，弓子腿（膝内翻）；两条浓眉连在一起，一只鹰钩鼻有点粗陋，但十分和蔼，时而面露天使般的神情。这一幅肖像，大概是发挥并反讽保罗所记哥林多人对他的讥嘲：他的信重而有力，等到现身，却是又弱又语言可鄙，林后 10:10。

不是吗，圣人丑相，恰好凸显了他的智慧跟神迹：不善言辞，却说到做到，他身上带着"耶稣的烙印"（喻拷打留下的伤疤）与人子的爱，迦 6:17，林后 6:5, 11:23 以下。

哪怕我能讲万人的话，说天使的语——
  要是没有爱，我不过是一面鸣锣或响钹。
² 哪怕我能预言，懂得一切奥秘一切知识
  哪怕我立信最全，足以移山——
  要是没有爱，我什么也不是。
³ 哪怕我把家产都拿去施舍
  再交出我的身子，让我夸耀——
  要是没有爱，对我就毫无益处。

⁴ 爱是耐心，爱是仁慈；
（爱）从无嫉妒，也不吹嘘
  不自大，⁵ 不失礼。她不谋私利
  不动怒，不记仇。⁶ 她不喜不义
  却与真理同乐；⁷ 凡事都宽容
  都信赖，都寄希望
  都能忍。

⁸ 爱，永不会坠落。
  不若预言，终必消失
  不若异语，终必沉寂
  不若知识，终必消逝。
⁹ 因我们所知不全，预言也不全；
¹⁰ 而一旦那完满的到来，那不全的便要消灭。
¹¹ 幼时，我说话像儿童，看法像儿童

思想也像儿童；但成人后，就告别了童稚。

¹² 此刻，我们对着镜子，恍如猜谜

但接着，就要面对面了。

此刻，我所知不全

但接着，必全部认清

一如我被认定。

¹³ 如此，信、望、爱，这三者常存

其中最大的是——爱。

注释

13:1　万人的话 / 天使的语：反言使徒传道，立会众，不靠口才，即便有狂风火舌相伴，有异语得自"灵赋"，徒 2:3–5。

爱，agape，阴性名词，故下文称"她"。爱上帝爱邻人，并在主内彼此关爱，是圣法和耶稣的教导，申 6:4–5，利 19:18，可 12:29–31，太 22:37–40，约 13:34。

鸣锣或响钹：暗比异教祭祀之喧闹、徒劳。

13:2　预言 / 知识 / 立信最全，足以移山：假先知也能预言传道、施神迹，而且也是奉基督的名，信誓旦旦，太 7:22。

13:3　施舍 / 交出身子 / 让我夸耀：无非假善人的本事，太 6:2。夸耀，诸抄本：(让人) 焚烧。

13:4–7　此阕一气列举十五个动词：爱，须落实在行动。参较罗 12:9–10，阐述道内兄弟之爱的要求。

13:6　真理（同乐），aletheia，爱，即谨守主的教导，"认识真理"，获自由而脱罪，约 8:32。

13:7　凡事都，panta，宽容/信赖/寄希望/能忍：此是极高的标准，爱无例外。

13:8　坠落，piptei，喻失效、失败。

异语，glossai，异地异族的方言土语，或灵媒施法，迷狂状态下所传之辞，林前 14:2，徒 19:6。

13:10　那完满的到来：天国或上帝的宏图实现之日，罗 12:2。

13:11　幼时/童稚：喻自己未信从耶稣，"在律法下"的时候。

13:12　恍如猜谜：犹言模糊不清，似照铜镜，影像"不全"，民 12:8。

面对面：盼望着不久与主会面，实现爱的终极目标。保罗相信今世很快就要完结，诚如耶稣预言："有人不必尝到死的滋味，即可见着人子降临他的天国"，太 16:28，林前 15:51，帖前 4:17。

被认定：蒙主悦纳。

13:13　信、望、爱：后世奉为基督教三德，对应希腊/异教四德，即节、智、义、勇，帖前 1:3，智 8:7。

死已被胜利吞吃
《哥林多前书》15:51–57

保罗论传道,常说"凡信了的都要拯救,犹太人在先,希腊人随后",罗 1:16, 2:9–10。这先后顺序,今人觉得刺眼,"政治"很"不正确",却是耶稣定的。人子给十二门徒分派任务,授其驱恶灵治百病的权能,道:外族的路你们莫走,撒玛利亚人的城别进。相反,应先去以色列家迷途的羊那里;边走,边宣讲天国已近,太 10:5–7。

翅关使徒"修正"了主的"主义",开辟"外族的路"。所到之处,那"信了的"往往是"希腊人"即外族居多,而子民对福音,或犹太教正统眼里的异端学说,却未必欢迎。于是传道者面临一个棘手而敏感的难题:外族入道,是否应遵从圣法,包括食物禁忌、守安息日、男子行割礼?若是严格地依从耶稣,摩西之律就"一点一画"也不能少,要"全部实现",太 5:18。这样一来,外族皈依的门槛便大大抬高,未免阻碍了会众发展。

保罗的解决方案,是一种"多多赢取"的灵活策略,允许例外,区别对待——法国哲学家巴丢称之为"群众路线":"律法外的"可以不学"律法下的"和"软弱的",省却割礼等诫命,林前 9:19–22。身份资格,亦无须因入道而改变。"人蒙召时已行过割礼,就不可再拉长包皮;若蒙召时还留着包皮,则不必割去。""蒙召时身为奴隶?别在意……凡为奴而蒙召于主内的,都是主的自由人;同样,那自由人蒙召，也是做基督的仆人"，7:18–22。如此调和妥协，仿佛过于实用主义，不讲原则。但如果我们了解耶稣运动对末日的翘盼，以及保罗光大的普世救恩的信条，就不难体会他的坚强信念："磨难生忍耐，忍耐生品格，品格生希望"——教父为何将他誉为"坚忍之典范"，罗5:3–4（《克雷蒙前书》5:7）。

是的，"天国已近"，今世大势已去，人子有言。所以田产奴婢家室亲情，皆不长久，信徒应专心事主，太10:37注（《刀剑》导言）。而妥协，正是为了坚持，迎接末日。

那么"律法招致的是圣怒"呢？这话得罪了多少虔敬者！"哪里没有律法，哪里杜绝触犯"，罗4:15。但保罗不是要拿子的福音取代父的圣法，把后者贬为地方性知识（"旧约"），而是构建了万民归信，"通过圣子的死，蒙上帝赐和"，人永生而获救的新语境：律法之先，罪已在世；只是因为尚无律法，不算罪而已，罗5:10, 13。故而主内人人平等，不分阶级，就意味着超越律法与圣怒的惩戒，回到人在罪里的原始平等。一句话，所谓"因信称义"，即凭罪入死而求义，simul iustus et peccator，有死，才有复起和永生。

所以他说：就像死藉着一人[来世]，死者复活，也是通过一人。正如亚当之内人人皆死，加入基督则全体重生，林前15:21–22。这死，看似基于人法的替代/连带责任，实则恢复了圣法的团体责任：人类因亚当触罪而承罪，后世所谓"原罪"，约15:22注（《世界的恨》）。故此，须"交出[人子的]无辜的血"，太27:4，一人牺牲救下万民，所多玛竟再遇赎罪之日，yom kippur。

于是罪在肉身，"受洗入基督"，便是出律法而入耶稣的死；不啻跟人子一起钉十字架，合葬，再一同复起，进新生，罗6:3–4，迦6:14。

"献上你们的身子作一活祭,圣洁而为上帝所悦纳",罗 12:1。义人受苦,无辜牺牲,因而是普遍的成圣的先决条件。而人之所以"极想摆脱了身子,以主为家",是因为末日到来,要依照"身子的作为"受报应,林后 5:8–10。获救与否,那最后的审判,要看肉身,不看灵。

⁵¹ 听着,有一桩奥秘告诉你们:

我们并非都会长眠,但全部要变;

⁵² 一会儿,眨眼间,已是最后的号音!

是的,那号音一响,死者便要复起

成为不朽,我们也就变了。

⁵³ 因为,这必朽的注定要穿上不朽

这必死的要穿上不死。

⁵⁴ 当这必朽的穿上不朽

这必死的穿上不死,到那时

便要应验经书之言:

死,已被胜利吞吃。

⁵⁵ 死亡啊你的胜利在哪?

在哪呀,死亡,你的毒刺?

⁵⁶ 那死亡的毒刺就是罪,那罪的权势在律法。⁵⁷ 感谢上帝,赐我们得胜,通过我们的主耶稣基督。

注释

15:51　奥秘，mysterion，信仰的启示，特指对使徒"所传之言"即福音的"灵性的"认识和无条件接受，称"上帝的国的奥秘"，可 4:11，太 13:11，路 8:10。

并非都会长眠：天国在即，保罗一如耶稣的门徒，相信今生就能看到基督再临，parousia，可 9:1，帖前 4:17，雅 5:9。

15:52　最后的号音：末日来临，以天庭号音为记，启 8:6 以下。

15:53　穿上不朽/不死：复活以后，义者不朽如同天使，太 22:30。当然，恶人也"脱下了"死——堕于"永火"的苦刑的煎熬，路 16:23–26；或称"第二遍的死"，启 20:14，实为另一形态的"穿上不朽"。

15:54　死/被胜利吞吃：仰见末日，谓之胜利。语出赛 25:8。

15:55　化自何 13:14。毒刺，kentron，蝎子、马蜂等毒虫的刺。

15:56　罪的权势在律法：保罗的说法，"诫命一来，罪即复苏"；罪利用了律法"乘虚而入，诱骗我，害死了我"，罗 7:9–11。

15:57　上帝/赐胜：一切成就，归于天父，林前 15:28。

通过/主耶稣基督：视人子为会众取胜的中介，唯一的拯救之道，约 16:26 注（《世界的恨》）。

他虽有上帝的形象
《腓立比书》2:6–11

《腓立比书》属于保罗的"狱中书简",因信里提到为宣讲福音而"戴锁链",身陷"苦斗"之境地,腓1:7, 13, 30。但此诗一般认为不是他的原创,而是引用前人或时人做礼拜的颂歌。理由是:小诗自成一体,像独立作品;几个关键术语及阐发的观念,不见于学者确认的保罗书信:似乎耶稣降生之前,已具上帝的"形象",morphe;而"等同于上帝",isa theo,竟是一种可以(故而不容)"掠夺"的资格,harpagmos。与之相对,"出空",kenosis,也是十分独特的说法,指圣子悬置神格,入女人子宫,结胎成肉。

另外,细读之下,这首基督颂的思想内容跟上下文亦不甚吻合。一章末二章起,保罗讲"灵的团契",koinonia pneumatos,强调团契成员应以耶稣为榜样,互相关爱,彼此推崇,同心一意,不可谋私利损害他人,不要让"耶稣的仆人"即引领会众的使徒失望,2:1–5, 16。可是,对于这些"基督内"的"勉励"和"爱的慰辑",小诗未置一词。相反,诗人所关切的与之衔接不上,做不成团契伦理的样板,只能看作借诗发挥(艾尔曼a,页254以下):人子"取一个奴隶形象","谦卑顺服",上十字架受难而获上帝"高举",赐名"超乎万名",享三界万舌之礼赞。

论文字,此颂节奏流畅,立意崇高,颇有希伯来先知的神韵。新修订标准本（NRSV）在第 8 节后作一停顿，分为两阕，每阕三节，每节三行，也是一法，可凸显其结构的对称。上阕写耶稣降世入死，"死在了十字架上"，下阕赞基督升天复活，"荣耀归上帝天父"。拙译分三阕，每阕六行，则是将"形象""模样""受死""名字"等关键词、译文的韵脚同对称的句结构错开，玩味另一层面的张力。

[6] 他虽有上帝的形象，

　却并没有把等同于上帝

　当作夺来的资格不放；

[7] 相反，他出空了自己

　取一个奴隶形象

　诞作众人的模样。

　虽然他外貌看似常人

[8] 但最是谦卑顺服

　乃至受死——死在了十字架上；

[9] 因此上帝将他高高举起

　为他赐名，那超乎

　万名的名字：

[10] 以使天地冥府三界的一切

　听到耶稣的名

无不屈膝,
[11] 条条舌头一齐认定

耶稣基督为主

荣耀归上帝天父。

注释

2:6　　上帝的形象: 对比人祖亚当的另一形象, "骄傲与堕落", 创 3:7, 12 注(《伊甸园》)。

等同于上帝: 指永生, 亚当食禁果所失去的, 创 3:22。人子既是"真理和生命"之道, 等同于天父便是题中应有之意。所以反对者也说, 他不仅是称上帝为父, "简直和上帝平起平坐了", 约 5:18。

夺来的资格, harpagmos, 掠获物, 解作神性、荣耀或永生, 皆通。无定解。

2:7　　出空了自己: heauton ekenosen, 放下大能, 降世为人子, "弃富入贫"而受难, 替众人赎罪, 林后 8:9 注。

奴隶形象: 谓其行事宛如神的一个忠仆, 自愿牺牲, 赛 52:13 以下; "取罪的肉身的模样, 作赎罪祭, 藉那肉身给罪定了罪", 罗 8:3。

2:8　　谦卑顺服／乃至受死: 耶稣受难, 不是要实现"自己的意愿", 而是遵从上帝的旨意, 完成他指派的使命, 约 4:34, 5:30。

2:9　　高高举起: 喻复活升天, 回到"差遣者"身旁。

万名: 包括众生及天使／小神, 弗 1:21, 来 1:4。

2:10　　屈膝: 敬拜状。基督／受膏者同施膏者／上帝合一。由此(及类似的赞语）萌发了后世关于父与子的神秘本质同一，homoousios，的学说和信条。

2:11　舌头 / 认定：以圣名立誓，认主，赛 45:23。渐渐地，耶稣的名也成了信徒发誓的依凭，虽然人子早有告诫：什么誓也别立。"是"就"是"，"不"就"不"；多余的话，便是出于大恶，太 5:34, 37。耶稣基督为主 / 荣耀归，eis doxan，上帝天父，另读如通行本：主耶稣基督在上帝天父的荣耀中。

基督赞
《歌罗西书》1:15–20

传统上,《新约》的使徒书信,有十三篇(《罗马书》至《腓利门书》)列在保罗名下。十九世纪,现代圣经学在德国兴起。之后,学者经过多年的考证辨析,从中剔除了六通,归于保罗身后的托名之文,即三封"牧函"《提摩太前书》《提摩太后书》《提多书》(可能出于一人之手),加上《以弗所书》《歌罗西书》《帖撒罗尼迦后书》,合称"次保罗"或"伪保罗",deutero-/pseudo-Pauline,书信(艾尔曼,页92以下)。

《歌罗西书》的宗教思想,有些说法颇似《以弗所书》;如认为,信徒受洗入道即可获救,摆脱律法上的罪罚(同上,页113):"你们既已藉着洗礼,与[基督]合葬,也就一同复起了"。因为上帝"让你们跟着他重生,宽恕了我们的累累罪行;还抹去了告我们负债的法规字据,将那废除了的钉在十字架上",西 2:12–14。而保罗虽然也说过"合葬""复起",众人的拯救在他看来,尚有待"主的日子"如"夜贼"来袭,太 24:43–44,帖前 5:2。所以"受洗入基督耶稣",固然"是受洗入他的死",但死者复起"走进新生",却不可能仅凭一次洗礼,而须坚持寄望于迫近着的天国,亦即人子再临,罗 6:1 以下(《死已被胜利吞吃》导言)。

保罗书信,多是口述,罗 16:22,林前 16:21,迦 6:11 注;故长句不多，文字棱角粗砺，不事雕琢。这峻急的风格，"重而有力"，恰是传道者"以主为榜样，不顾重重磨难，怀着圣灵的喜悦迎接"福音的真实的见证，林后 10:10，帖前 1:6。

《歌罗西书》的作者，若是保罗的弟子或"同工"（助手），肯定熟悉老师的学说信条。然而，他修正了翅关使徒的救赎论，当是基督会众应对"后保罗"时局的挑战，所处的形势使然——天国业已延宕，那"必来之世"仿佛拖了条木腿，来 6:5, 10:37。于是，他也做了主的使徒，以老师的名义传书，劝勉信众，为后人留下了光辉的思想。

除去引述老师的教诲，这位无名使徒自己的论说，可谓敦厚诚笃，又不乏妙笔恣肆。他喜欢复杂句式，重视修辞。开篇作一首基督赞，便是极好的例证：从头至尾，总计一百一十二词，在原文里是蜿蜒行进、步步照应、音节铿然的一支长句，参观弗 1:3–14。当然，中文句法不同，语义随词序而变，加之标点指示停顿/语速的功用相对脱离语法，译文就分了短句，作两阕，以图再造赞美诗的神韵。

¹⁵ 他是那不可见的上帝的形象
　　一切受造之物里长子第一；
¹⁶ 因为他里面造就了万物
　　无论天上地下，可见不可见
　　抑或天座天宰天尊与天权——
　　一切受造，由他而为他。

¹⁷ 万物［未有］之先，他已是；

　　加入他，芸芸一体

¹⁸ 这身子即会众的头

　　是他。

　　他是太初

　　死者中复生第一

　　乃使他事事独领首席。

¹⁹ 因为［至大］满盈，定意入居其中

²⁰ 赐和于万物，由他而归他——

　　无论地下天上，都是

　　藉着他的十字架的血

　　重缔和平。

注释

1:15　不可见的上帝：摩西传统，人见上帝必死；不死，定有特殊的恩惠，创 32:31，出 3:6, 20:19, 33:20。

长子第一，prototokos，极言圣子之尊，罗 8:29。基督/受膏者也属于受造之物，但拥有头生子的崇高地位，并具天父的"形象"，eikon，一如人子。这一点，作者跟第四福音的教义立场不同，后者主张上帝与圣言父子如一，约 1:1, 1:18 注（《太初有言》）。

1:16　他里面造就了万物：暗喻圣言，造主的大智慧，约 1:3。

天座天宰天尊与天权：统领人世黑暗势力的各种灵异，包括天使，罗 8:38，弗 1:21, 6:12。

由他而为他，di' autou kai eis auton，"长子"于一切受造，既是成因，又是目的，林前 8:6。

1:17　万物［未有］之先，他已是：复指圣言/大智慧，箴 8:22 以下。参约 8:58，"阿门阿门，我告诉你们，亚伯拉罕诞生之先，我就是"。

1:18　身子即会众：耶稣的身子已复活，以会众为其肢体，会众则以基督为头，林前 12:12–13。

太初，arche，联想创世之言，创 1:1，约 1:1。

复生第一，prototokos，同 15 节"长子第一"：死藉着一人（亚当）来世，死者复活，也是通过一人，如保罗所言，林前 15:20，启 1:5。

1:19　满盈：喻上帝亲在、更新一切，弗 3:19。参约 1:16 注。

1:20　由他而归他，di' autou/eis auton，归信基督。此句另作：通过他，赐万物与自己和好。

藉着他的十字架的血，部分抄本重复：藉着他。意谓新天新地，藉人子的受难复活而变得可以翘望了。

镰刀
《启示录》14:1–20

耶稣师徒和保罗都相信"天国已近",盼着今世的末日。末日有多么可怖,天国又如何降临?这就是《启示录》要说的了。

《启示录》是《新约》的大结局,也是四部福音之外,唯一一篇传达"上帝之言与耶稣基督的自证",martyria,并为之作见证的,emartyresen,启 1:1–2。若上溯希伯来《圣经》或基督教"旧约",则此书所记,"刀剑饥荒与瘟疫"及末日审判,便是上帝自从"藏脸",出离圣城,赛 8:17,结 10:18,头一次也是最后的露面,他的"再临"的永久的预演。这里,他还是"那亘古常在者","那今是、昔是且必来的一位",1:4,但 7:9,依旧充满了复仇的怒火。而作者公开宣布"得胜"——"愿有耳朵的都聆听"——那高踞宝座的旨意已定:召回所有因圣名而受苦牺牲的雅各子孙,"把尊严与荣耀/赠予以色列的遗民",2:7,3:21,赛 4:2。

作者告诉我们,他名叫约翰,是道内一个"同患难、共天国而分享耶稣之坚忍的兄弟",流落在爱琴海中一座小岛,1:9。故有学者推论,约翰是犹太人,来自耶路撒冷,或许认识或曾受教于圣城会众的领袖,耶稣的弟弟"义者"雅各。所以也认定人子为以色列的受膏者/弥赛亚/基督(佩格尔思,页 55),笃信"主的再临已近",特别强调"坚忍"有福,雅 1:3–4, 5:7–11。

旧说这位先知不是别个，正是耶稣传道伊始，在加利利湖畔收的门徒，蔡伯之子约翰，太 4:21，亦即《约翰福音》的作者。可是早在公元三世纪中叶，亚历山大城的大主教圣雕尼修（St. Dionysius）就提出质疑，认为第四福音的希腊文远比《启示录》高雅，两者风格迥异，不可能出自同一人手笔。马丁·路德更进一步，一度主张删除《启示录》，说书里没有基督（佩格尔思，页 2–3）。的确，那先知所见"口吐利剑"杀戮异族的"万王之王，万主之主"，跟福音书描写的爱邻人也爱仇人的大爱之子，太不一样了，19:15 以下（《爱仇人》导言）。

然而，人若得知末日之血腥惨烈，"全体肉身皆无活路"，"太阳昏暗，月亮无光，星星坠下苍穹，诸天万象震动"，太 24:22, 29，赛 13:10, 34:4，谁不想学习先知，于"灵中"望见，人子的圣怒与大能呢？Ecce homo，看，就是这人：他长袍及踵，金带束胸，一头银发，宛若羊毛又大雪似的洁白，两眼如有火焰，双脚像是炉中烧炼的精铜，而话音却似大水轰鸣。他右手持七颗星星，他口衔一柄双刃利剑，他的面庞，如那倾力照射的太阳，1:13–16。

先知目睹如此之荣耀，竟仆倒在地，"几如死了一般"。基督将右手放在他身上，道：别怕。是我，是第一和末后，永生的那位。我死过，可是看哪，我又活了……好了，把你见到的写下来，现时和之后必发生的一切，1:17–19。

这时，天庭的祭坛下面探出一个个义灵，就是"为上帝之言作见证而遭屠杀的"，他们还在苦苦等待：还要多久，啊至圣至真的主子，你迟迟不替我们的血申冤，不审判大地的居民？6:9–10。

我还望见，啊，那羔羊站在锡安山上，率同他的十四万四千，个个额上写着他的名并天父之名。² 只听天上传来一个声音，仿佛洪水喧哗或巨雷轰响；再听，那一声声又像是琴手在弹琴，³ 和着宝座那边他们唱的一曲新歌，在四员天尊和众长老之前——这[新]歌，无人能学会，除了从大地赎回的那十四万四千。

⁴ 这些，便是未同女子有染
而谨葆童贞的人，
他们跟定了那羔羊
无论走去何方；
这些，乃是从世人中赎回
献给上帝与羔羊的
初熟之果，⁵ 他们
口里从不见谎言
通身了无缺陷。

⁶ 接着，又见一位使者飞过中天，带着永世福音，去向住在大地四方的各族各语芸芸万民传扬，⁷ 边飞边高喊：敬畏上帝吧，荣耀归他，因为他审判的时辰到了！快敬拜呀，天地海洋和水泉都是他的创造！

⁸ 紧随其后，第二位天使叫道：覆灭了，覆灭了，大城巴比伦！她拿自己淫行酿成的天怒，给万邦喝了！

⁹ 跟着，第三位天使高喊：凡膜拜怪兽和兽像，额头手上打了烙印的，¹⁰ 都[逃不脱]喝上帝的怒酒，他的圣怒之杯斟出的醇

酿！都要扔进烈火与硫磺，在圣天使面前，在那羔羊脚下受拷掠。
[11] 那酷刑的焦烟要不停升腾，绵延万世。谁膜拜怪兽和兽像，烙了它的名号，谁就日日夜夜不得安息！

[12] 圣徒之坚忍在此，那些守持上帝诫命，立信于耶稣的人。[13] 只听天上传下一个声音，道：你写——

　　福哉，死者死于主内！
　　是呀，圣灵有言，从此
　　他们不再辛劳，安息了，
　　因善功跟着他们，一起了。

[14] 我抬眼望去，啊，一片白云
　　云端坐着一位，恍若人子
　　头戴金冠，手持快镰。
[15] 另有一天使，走出宝殿
　　对坐于云端的那位高喊：
　　挥起你的镰刀，收割吧
　　收获的时刻到了，
　　因为大地的庄稼黄灿灿的了！
[16] 于是那坐于云端的
　　把镰刀挥向大地
　　大地便割了庄稼。

[17] 天上宝殿里又走出一名使者，也提着一把快镰。[18] 跟着，另

一天使,那掌火的,由祭坛(下来),朝那提镰刀的大叫:挥起你的快镰,收获大地的串串葡萄吧,因为葡萄熟了!

¹⁹ 于是那使者把镰刀挥向大地

 尽收大地的葡萄

 扔在上帝榨取圣怒的大酒池里。

²⁰ 那酒池就在城外——

 要踩到怒血溢出,漫至马的嚼环

 淹掉六百里地。

注释

14:1 羔羊,arnion,据作者所见之异象,有七眼七角,称"犹大支族的狮子,大卫的根",喻指耶稣,启 5:5–6。

   十四万四千:完美之数,12 x 12 x 1000,匹配新耶路撒冷,21:12 以下;先知名之为"余数",具体说,便是子民十二支族经受住了屠杀迫害种种考验,残存人口将加入"新以色列",7:4 注,赛 4:3。

   他的名并天父之名:父子皆圣,但似乎不视为合一,参约 1:1 注(《世界的恨》导言)。

14:3 宝座:上帝的宝座,耶稣复活升天后,坐于天父右手,3:21, 4:2 以下,诗 110:1,太 22:44。一曲新歌,通行本:宛如新歌,5:9,诗 33:3, 98:1。

天尊, zoa, 活物、神兽, 实为神子, 负责牵引天庭御辇, 4:6–7, 结 1:5 (《两姐妹》导言)。

14:4 未同女子有染: 注意, "余数"皆男丁, 或战士。谨葆童贞: 古俗, 祭神出战须戒房事, 出 19:15, 申 23:10。

跟定了那羔羊: 受基督牧育, 7:17, 诗 23:1–3 (《牧人》)。献给上帝与羔羊的 / 初熟之果: 羔羊 / 基督既是人赎罪的牺牲, "让人记得罪过", 也跟天父一道享受牺牲, "使所有归圣的人达于完满", 出 23:19, 来 10:3, 14。

14:5 谎言: 归圣者不呼异神之名, 番 3:13。通身了无缺陷: 比作献祭牺牲, 合乎圣法规定, 出 12:5。

14:7 天地海洋 / 都是他的创造: 语出诗 146:6。

14:8 覆灭了, 覆灭了, 大城巴比伦: 引赛 21:9。城, 阴性名词, 故拟人作"她"。

淫行酿成的天怒, 直译: 淫行的怒酒。双关兼喻沉迷于偶像, 17:2, 招致上帝惩罚, 下文 10 节。

14:9 怪兽和兽像: 象征假先知, 暗喻罗马。那兽, therion, 是破土而出的, "长一对小羊儿的角, 说话却似虬龙", 13:11 以下。

14:10 怒酒: 参赛 51:17。醇酿, 直译: (酒) 不兑 (水)。古人喝酒通常要兑水, 缓其烈度。

烈火与硫磺: 下火狱, 19:20。

14:11 酷刑的焦烟 / 升腾: 联想罪城所多玛的覆灭, 创 19:24, 赛 34:9–10。

14:12 坚忍, hypomone, 学习人子, 效法约伯, 做圣徒坚忍不拔, 1:9, 13:10, 雅 5:11。

14:13 死于主内: 犹言为主而死。

从此，ap'arti，读作修饰"死于"，亦通。

善功，erga，圣者死后，生前的善行为人传颂，见证他立信于耶稣："若非带着善功，信仰只是死物"，雅2:17。

14:14 云端坐着一位，恍若人子：形容基督再临，但7:13注（《人子》）。

14:15 宝殿，naos，天庭所在，11:19，赛6:1。

黄灿灿，exeranthe，变干、枯黄，转指（果实）成熟。庄稼：喻忠信者，可4:29。

14:18 掌火天使：或即加百列，掌火，传旨，督神兽，10:1，但8:16，路1:19。祭坛：圣徒祈祷的金坛，8:3–5。

葡萄：喻恶人，珥4:13。

14:19 上帝榨取圣怒的大酒池：典出赛63:1–6。

14:20 城外：犹太传统，耶和华报应之日，子民将在圣城外与"万族"决战，亚14:2以下。怒血：红酒如血，象征至高者降罚。

六百里地，直译：一千六百跑。或指巴勒斯坦。一跑，stadion，约合公制185米，原指奥林匹亚竞技场的跑程，21:16，太14:24注。

新天新地
《启示录》20:11–21:8

此段写末日审判及新耶路撒冷／天国降临。

审判，mishpat，究其根本，是人事的裁断或人世政治。上帝创世，施政之初，身为"大地的审判者"而"主持公道"，ya`aseh mishpat，创18:25，褒贬赏罚，也只在人世。从洪水方舟到焚灭所多玛，从以色列出埃及占迦南，到圣城倾覆，耶和华的居处化为废墟，"秽物立于圣地"，太24:15：每一次，圣法的公义都没有放过罪人。因为至高者说了，"伸冤在我，我必报应……只待那天［仇敌］遭祸，末日匆匆，一下降临"，申32:35（《摩西之歌》）。这儿，末日，`athidoth，指的是预定之事、人的命运，并非世界终了，"天地过去""大海不存"，启21:1。

历史地看，摩西的上帝虽然"不轻易发怒"，却也无须拖延判决。神的报应／复仇，naqam，基于团体责任，可以追究罪人的子孙，"直到三代四代"，而大爱更"泽被千代"，出20:5–6, 34:6–7（参《枯骨》导言）。救恩若此，子民便用不着（也想象不到）天堂地狱，只消"把欢愉交给耶和华之法"，"信赖［他］的慈爱"就行，诗1:2, 13:5。在那个世界，亡灵不论善恶，皆下阴间；"死者不会重生，幽影不会复起"，赛26:14，"即使苍天坍塌，也不会醒／不会打搅他的长眠"，伯14:12。

大卫王、所罗门之后，以色列分裂，君主贵族和祭司堕于腐败，国运衰落了。社会动荡，敌族入侵，乃至福地处处恶人当道，忠信者苦不堪言。摩西坚信的善恶报应，现在竟成了许多人的疑问。于是有众先知蒙召，领受圣言，谴责不忠，诅咒列国。苦灵人闻道而响应，末日论连同死者复活的信念，就慢慢发展起来，诚如以赛亚所言：

耶和华啊，患难中他们把你找寻 / 倾心祷告，只因身负你的惩戒……不，你的死者必重生 / 他们的尸身必复起；醒来呀，欢唱吧，人居尘土的人！因你的露珠是晨光之珠 / 大地必将幽影娩出，赛26:16, 19。参伯19:26–27。

最后，希腊化时期，色琉西王安条克四世洗劫圣城，亵渎圣殿，子民经历了残酷的宗教迫害，无数虔敬者为了圣名圣法而殉道，加下7章(《人子》导言)。终于，圣灵启示，圣者弘道，形成了后世关于肉身复活和天堂地狱的观念，以及天启主义的末日信条（见《大审判》导言）：今世朽坏，天国已近。亡灵一如生者，行将复起，接受主的报应，宛如绵羊山羊被牧人分开，结34:17，太25:33——大审判定在了复活之日，那"永终"而无终之未来。

[11] 之后，就望见一巨大的洁白宝座，那一位高踞其上。从他面前，天地都逃遁了，不留一点痕迹。[12] 我看见，死者芸芸，大大小小，皆立于宝座前，天书卷卷展开。另有一卷，即生命册，也展开了，死者就依照书卷所载，按其行事一一受审。

¹³ 于是大海吐出海底的死人

死亡与冥府交出地下的死人

一律按他［生前］的行事受审判。

¹⁴ 而后，死亡与冥府便被扔进火湖。

这火湖，就是第二遍的死；

¹⁵ 凡名字没有记在生命册上的

都一同扔进了这口火湖。

二十一章

于是，我看见一派新天新地，因为之前的天地都过去了，大海，也已不存。² 只见那圣城，那新耶路撒冷从天而降，出于上帝，宛如一位新娘妆饰停当，来迎她的夫君。³ 随即，就听得一个宏大的声音，自宝座传下，道：

看哪，与人同在这上帝的帐幕

要扎在世人中间！

他们要当他的子民

一如上帝要亲自与他们同在

做（他们的上帝）；

⁴ 还要揩干他们的眼泪。

从此再无死亡——没有悲伤

没有哀号，没有痛苦，

（因为）之前的一切

都过去了。

⁵那高踞宝座的遂说：看哪，万象更新，在我！还说：你写下来，这些话至可信靠而至真。⁶接着又道：成了！

> 我是"阿尔法"，又是"奥米伽"
>
> 是太初与永终。口渴的人
>
> 我必取生命之泉水，无偿赠送。
>
> ⁷那得胜的，必继承这份［产业］：
>
> 我要做他的上帝，他要当我的儿子。
>
> ⁸而那些怯懦、背信、拜秽物的
>
> 那伙凶手淫棍、弄巫术偶像的
>
> 连同所有撒谎的人，该他们的那一份
>
> 却是在硫磺烈火熊熊的湖里
>
> 即那第二遍的死。

注释

20:11　洁白：象征胜利，启 6:11, 19:11 注。那一位：婉称至高者，"那今是、昔是且必来的一位"，启 1:4, 4:8。

天地逃遁：指太初受造的今世，21:1，亦即上帝创世"版本二"的终结（《伊甸园》导言，参《以赛亚之歌·说罪》）。

20:12　天书卷卷展开：分述人类的功罪，但 7:10（《人子》）。生命册：上帝录取义人或子民的"余数"，那预定了的拯救之名册，3:5，出 32:32，诗 69:28。

	行事,erga,回到圣法和耶稣的教导,以行事定人的功罪,14:13注,太 16:27,约 7:51,而非保罗宣讲的"因信称义",罗 5:1,迦 2:16。
20:13	大海:暗喻太初之混沌,一切与造主为敌的势力,伯 7:12,但 7:2 注(《人子》)。冥府,hades,即阴间;摩西传统,一切亡灵的去处,申 32:22(《摩西之歌》)。
20:14	火湖:形容地狱,19:20,20:10。今世的生死于此结束,永死与永生分途,林前 15:26, 54(《死已被胜利吞吃》)。
	第二遍的死:死,不再是咽气、腐败、消灭肉体,而是转为肉身的永久保存,以便施加"绵延万世"的酷刑,14:11(《镰刀》)。
21:1	新天新地:天地重生,回放上帝创世的"版本一",那"非常之好"的乌托邦或"上帝的国"再现,创 1:31,赛 65:17, 66:22。
	大海/不存:象征罪恶的反抗势力溃灭,20:13 注,诗 74:13,伯 26:12。
21:2	新娘:拟人,喻得救之会众,美称新耶路撒冷,"羔羊的妻",19:7, 21:9,赛 61:10。
21:3	宏大的声音:"夫君"/基督发话。
	上帝的帐幕:重立圣所,光复锡安。子民,laos,另作万民,laoi,结 37:27。
	亲自与他们同在:暗示人子的名号:以马内利,`immanu 'el,"上帝与我们同在",赛 7:14,太 1:23。天父重申与以色列子民的信约,出 6:7,利 26:12。
21:4	揩干他们的眼泪:同 7:17,引赛 25:8。义人之泪由上帝抹去,象征报应,诗 56:8。

21:5　高踞宝座的遂说：上帝训示。万象更新，在我：世界因耶稣"谦卑顺服"，降生受难复活，而得以再造，林后 5:17，腓 2:8，西 1:16（《基督赞》）。

至可信靠而至真，pistoi kai alethinoi，也是在天的羔羊或复活后的耶稣，"披一件王袍，溅满鲜血"，所启示之名，19:11–13；指明基督乃万物之本原，创世之言，3:14，约 1:3（《太初有言》）。

21:6　成了，gegonan，做成，同 16:17。上帝宣布大功告成，呼应第四福音所载，十字架上耶稣的"托灵"咽气之语：成了，tetelestai，完成，约 19:30。

我是"阿尔法"，又是"奥米伽"：希伯来语"万军上帝"，'elohe zeba'oth，的首尾字母，以希腊文首尾字母代称，转喻万物之根源与归宿，1:8, 17, 22:13。永终，telos，兼指终结、永远、宏图，约 13:1，林前 15:24，雅 5:11。

生命之泉水：象征圣灵，22:1，约 4:14。

21:7　得胜的：经受了考验的以色列的"残余"，"以死胜死"者，2:7，3:21 注。

我要做他的上帝，他要当我的儿子：耶和华与大卫王立约所言，撒下 7:14；也是天父同子民的誓约，出 6:7，利 26:12，结 11:20。

21:8　秽物：贬称异教偶像，17:5。撒谎的人：尤指异教徒。

那一份，meros，命运、报应。待到报应日/圣怒之日，已如先知预言，圣山之下将"尸首狼藉：这些人的蛆不死，火不熄，必为一切肉身所憎恶"，赛 66:24。

二〇一六年十一月

参考书目

本书译诗和引文所据原文的底本，跟之前的三卷圣书《摩西五经》《智慧书》与《新约》（2006, 2008, 2010）相同：希伯来语《圣经》用德国斯图加特版 Kittel-Kahle-Elliger-Rudolph 传统本第五版（Biblia hebraica stuttgartensia, 1997，简称 BHS），希腊语《新约》则取斯图加特版 Nestle-Aland 汇校本第二十七版（Novum testamentum graece, 1993，简称 NTG），皆西方学界公认的权威。释义、串解、断句及风格研究，BHS、NTG 脚注所载异文异读之外，主要参考了六种经典西文译本，即希腊语七十士本、拉丁语通行本、德语路德本、法语圣城本、英语钦定本和犹太社本。

以下罗列书中提及或引用的文献，并一些相关的圣经学研究。排序按著/编者姓氏中译名的汉语拼音和四声笔画。外国经典作家，译名已约定俗成的，不附西文原名，如：尼采。

A

阿斯兰（Reza Aslan）:《耶稣传》(*Zealot: The Life and Times of Jesus of Nazareth*), Random House, 2013。

艾尔曼（Bart Ehrman）:《造假：以上帝的名义写作》(*Forged: Writing in the Name of God–Why the Bible's Authors Are Not Who We Think They Are*), HarperOne, 2011。

艾尔曼 a :《耶稣成神之路》(*How Jesus Became God: The Exaltation of a Jewish Preacher from Galilee*), HarperOne, 2014。

奥特（Robert Alter）:《圣经诗艺》(*The Art of Biblical Poetry*), Basic Books, 1985。

B

巴兰丁（S. E. Balentine）:《隐匿之神》(*The Hidden God: The Hiding of the Face of God in the Old Testament*), 牛津大学出版社, 1983。

伯特（Robert Burt）:《旋风中》(*In the Whirlwind: God and Humanity in Conflict*), 哈佛大学出版社, 2012。

柏林（Adele Berlin）:《中世纪犹太人眼里的圣经诗歌》(*Biblical Poetry Through Medieval Jewish Eyes*), 印地安那大学出版社, 1991。

勃洛赫（Ernst Bloch）:《基督教里的无神论》(*Atheism in Christianity*), J. T. Swann 英译, Verso, 2009。

博尔赫斯（Jorge Luis Borges）:《诗艺六讲》(*This Craft of Verse*), 哈佛大学出版社, 2000。

布鲁姆/罗森堡（Harold Bloom & David Rosenberg）:《J 之书》(*The Book of J*), Grove Press, 1990。

D

戴维斯（Stevan Davies）[译注]:《托马福音》(*The Gospel of Thomas*), Shambhala, 2004。

F

菲罗（Philo of Alexandria）:《菲罗集》(*Philo*), F. H. Colson & G. H. Whitaker 英译, 十卷, 哈佛/罗伯丛书, 1991。

冯象:《宽宽信箱与出埃及记》, 生活·读书·新知三联书店, 2007。

冯象:《信与忘》, 生活·读书·新知三联书店, 2012。

冯象:《以赛亚之歌》, 活字/生活·读书·新知三联书店, 2017。

芬克斯坦/西尔伯曼（Israel Finkelstein & Neil Silberman）：《圣经出土》（*The Bible Unearthed: Archaeology's New Vision of Ancient Israel and the Origin of Its Sacred Texts*），Free Press, 2001。

傅莱（Northrop Frye）：《大典：圣经与文学》（*The Great Code: The Bible and Literature*），Harvest Books, 1983。

傅莱：《大力之言》（*Words with Power: Being a Second Study of the Bible and Literature*），Harcourt Brace Jovanovich, 1990。

傅利门（Richard Friedman）：《上帝之消失》（*The Disappearance of God: A Divine Mystery*），Little, Brown & Co., 1995。

G

高蒂斯（Robert Gordis）：《上帝与人之书》（*The Book of God and Man: A Study of Job*），芝加哥大学出版社，1965。

龚克尔（Hermann Gunkel）：《诗篇：类型批评导论》（*Psalms: A Form-Critical Introduction*），T. M. Horner 英译，Fortress Press, 1967。

H

哈蒙德（Gerald Hammond）：《圣经英译》，载《圣经文学指引》（*The Literary Guide to the Bible*），Robert Alter & Frank Kermode 编，哈佛大学出版社，1990。

哈佐尼（Yoram Hazony）：《希伯来圣经哲学》（*The Philosophy of Hebrew Scripture*），剑桥大学出版社，2012。

何歇尔（Abraham Heschel）：《先知》（*The Prophets*），Harper Perrennial, 2001。

赫鲁肖夫斯基（Benjamin Hrushovski）：《论希伯来诗律》，载《古今希伯来诗选》（*Hebrew Verse*），T. Carmi 编，企鹅丛书，1981。

K

卡塞尔等（Rodolphe Kasser, Marvin Meyer & Gregor Wurst）[编]：《犹大福音》（*The Gospel of Judas from Codex Tchacos*），全国地理社，2006。

柯丽茨娜（Judy Klitsner）：《圣经中的颠覆性接续》（*Subversive Sequels in the Bible: How Biblical Stories Mine and Undermine Each Other*），Maggid Books, 2011。

科莫德（Frank Kermode）：《隐秘之起源》（*The Genesis of Secrecy: On the Interpretation of Narrative*），哈佛大学出版社，1979。

库格尔（James Kugel）:《圣经诗理》(*The Idea of Biblical Poetry: Parallelism and Its History*)，耶鲁大学出版社，1981。

库格尔 a :《圣经诗粹》(*The Great Poems of the Bible*)，Fress Press, 1999。

L

列文森（Jon Levenson）:《创世与恶之持续》(*Creation and the Persistence of Evil*)，Harper & Row, 1988。

路易斯（C. S. Lewis）:《反思诗篇》(*Reflections on the Psalms*)，Mariner Books, 2012。

吕普克（Joerg Ruepke）:《宗教：古代与遗产》(*Religion: Antiquity and Its Legacy*)，牛津大学出版社，2013。

罗森堡（David Rosenberg）:《亚伯拉罕传》(*Abraham: The First Historial Biography*)，Basic Books, 2006。

M

麦克罗（Diarmaid MacCulloch）:《基督教沉默史》(*Silence: A Christian History*)，Viking, 2013。

麦耶尔（Marvin Meyer）[编]:《玛丽亚福音》(*The Gospels of Mary: The Secret Tradition of Mary Magdalene, the Companion of Jesus*)，HarperSanFrancisco, 2004。

N

尼采:《苏鲁支语录》，徐梵澄译，商务印书馆，1997。

P

帕尔蒂丝（Ilana Pardes）:《圣经里的反传统：女性主义解读》(*Countertraditions in the Bible: A Feminist Approach*)，哈佛大学出版社，1992。

裴立甘（Jaroslav Pelikan）:《谁的圣经》(*Whose Bible Is It? A Short History of the Scriptures*)，企鹅丛书，2005。

佩格尔思:《启示》(*Revelations: Visions, Prophecy and Politics in the Book of Revelation*)，企鹅丛书，2013。

佩格尔思 / 金凯伦（Elaine Pagels & Karen King）:《解读犹大》(*Reading Judas: The Gospel of Judas and the Shaping of Christianity*)，Viking, 2007。

平斯基（Robert Pinsky）:《大卫传》(*The Life of David*)，Schocken Books, 2005。

S

斯坦伯格（Meir Sternberg）:《圣经叙事诗学》(*The Poetics of Biblical Narrative: Ideological Literature and the Drama of Reading*)，印地安那大学出版社，1985。

《死海古卷》(*The Complete Dead Sea Scrolls in English*)，Geza Vermes 英译，企鹅丛书，1998。

《死海古卷圣经》(*The Dead Sea Scrolls Bible*)，Martin Abegg, Peter Flint & Eugene Ulrich 译注，HarperSanFrancisco, 1999。

T

托夫（Emanuel Tov）:《犹大荒野出土文本所示文书实践及方式》(*Scribal Practices and Approaches Reflected in the Texts Found in the Judean Desert*)，Brill, 2004。

W

瓦尔泽（Michael Walzer）:《上帝庇荫》(*In God's Shadow: Politics in the Hebrew Bible*)，耶鲁大学出版社，2012。

威利克（Jed Wyrick）:《论犹太、希腊与基督教传统中作者之确认与正典之形成》(*The Ascension of Authorship: Attribution and Canon Formation in Jewish, Hellenistic and Christian Traditions*)，哈佛大学出版社，2004。

维尔麦希（Geza Vermes）:《耶稣的真福音》(*The Authentic Gospel of Jesus*)，企鹅丛书，2004。

维尔麦希 a:《耶稣三卷：降生、受难、复活》(*Jesus: Nativity, Passion, Resurrection*)，企鹅丛书，2010。

韦尔斯（Garry Wills）:《福音书何解》(*What the Gospels Meant*)，企鹅丛书，2009。

Y

约瑟夫（Flavius Josephus）:《全集》(《犹太战争》《犹太史》《自传》和《斥阿比安》)，H. St. J. Thackeray 等英译，十三卷，哈佛/罗伯丛书，1926~1965。

约西波维奇（Gabriel Josipovici）:《上帝之书》(*The Book of God: A Response to the Bible*)，耶鲁大学出版社，1988。

Copyright © 2017 by SDX Joint Publishing Company.
All Rights Reserved.
本作品版权由生活·读书·新知三联书店所有。
未经许可，不得翻印。

图书在版编目（CIP）数据

圣诗撷英／冯象著．—北京：生活·读书·新知三联书店，2017.7
ISBN 978-7-108-06000-6

Ⅰ.①圣⋯　Ⅱ.①冯⋯　Ⅲ.①《圣经》-诗歌　Ⅳ.①B971

中国版本图书馆 CIP 数据核字（2017）第 117979 号

特约编辑	傅春晖
责任编辑	杨　乐
封面设计	蔡立国
内文设计	周安迪
内文制作	石　文
责任印制	宋　家
出版发行	生活·讀書·新知 三联书店
	（北京市东城区美术馆东街 22 号 100010）
网　　址	www.sdxjpc.com
经　　销	新华书店
印　　刷	北京市松源印刷有限公司
版　　次	2017 年 7 月北京第 1 版
	2017 年 7 月北京第 1 次印刷
开　　本	880 毫米×1092 毫米　1/32　印张 9.875
字　　数	142 千字
印　　数	00,001-10,000 册
定　　价	48.00 元

（印装查询：01064002715；邮购查询：01084010542）